어린이교육의 기본 바로 알기 시리즈 ⑭

놀이로 여는 유아 디지털 교육 바로 알기

임은미 · 유세경 · 김하늘 · 이주은

대한어린이교육협회　　창지사

머리말

미래교육을 해야 한다고 하는데 어떻게 해야 하나요?
유아는 디지털보다 직접 경험이 필요하지 않나요?
아이들이 좋아하니까 기기를 내어주기는 하는데 이렇게 하는 게 맞는지 늘 고민이 돼요.
교사인 저부터 디지털 울렁증이 있어서 솔직히 디지털 교육을 시작할 자신이 없어요.

최근 디지털 대전환 시대, 지능정보교육 시대 등의 용어가 교육의 화두로 등장하면서 디지털 교육에 대한 교사 대상 연수와 자료들이 많이 생겨나고 있고 시대적인 변화로 인해 디지털 교육을 해야 한다는 막연한 생각이 많아지고 있습니다. 그럼에도 불구하고 유아교사로서 디지털보다는 실물을 가지고 놀이하는 것이 먼저 이루어져야 한다는 교육철학과 함께 디지털 교육이라는 미래교육에 대한 새로운 움직임이 어떻게 균형을 이루어야 할지 고민이 많이 됩니다. 교사 대상 디지털 역량 강화 연수를 들어도 현란한 디지털 기기들의 등장으로 부담감만 가중되는데 유아교육전문가로서 어떻게 유아와 함께 디지털 교육을 해야 하는지에 대한 명확한 가이드라인이 없어서 답답하곤 합니다.

OECD(2023)의 보고서에서도 유아교육의 디지털화(Digitalization)를 천명하면서 교실 안팎에서의 유아교육 패러다임 전환을 통한 디지털화의 중요성을 소개한 바 있습니다. 여기서 유아 디지털 교육의 범위는 교실에서 유아와 함께 디지털을 이해하고 활용하는 유아 대상 디지털 교육부터 시작해서 부모대상 교육, 교사의 업무 지원 및 유아교육의 행정 체제 전반의 디지털화까지 다양한 영역으로 구성되어 있습니다.

본 연구 “놀이로 여는 유아 디지털 교육”은 미래교육을 설계하고 적용해야 하는 모든 선생님들께 디지털화의 여러 영역 중 특히 교실에서 유아와 함께 유아중심, 놀이중심으로 어떻게 하면 교육적으로 유의미하며 발달에 적합한 유아 디지털 교육을 할 수 있는지에 초점을 맞추고자 합니다. 특히 유아 디지털 교육을 개정 누리과정의 기본 방향인 놀이중심으로 하기 위해서 환경구성은 어떻게 해야 하는지, 유아 디지털 교육의 목표, 내용, 방법 및 평가는 무엇인지를 중심으로 누구나 쉽게 이해할 수 있도록 살펴보고자 합니다.

요즈음 유아교육기관에 오는 유아들은 디지털 네이티브라고 불리는데, 태어날 때부터 디지털 세상에서 태어나 자연스럽게 디지털 기기를 접하며 자란 세대이므로 유아교육전문가인 교사와는 사고방식이나 문제해결 방식 등이 많이 다릅니다. 특히 디지털 네이티브인 유아들은 마치 신인류라고 해도 과언이 아닐 정도로 디지털 기기와 상호작용하는 방식이 자연스럽고 때로는 기상천외하며 개발자가 의도하지 않았던 방식으로도 놀이를 구현하는 유능함을 가지고 있습니다. 디지털을 활용하여 놀이하던 중 마주하는 문제상황에 대해서도 디지털 이민자인 교사들이 생각하지도 못한 방식으로 유연하며 창의적으로 해결하고 주도적으로 참여하는 모습을 볼 수 있는데 이 모든 것이 그들에게는 또 하나의 문화와 같이 자연스럽고 이미 내면에 디지털 기반 문제해결 기저를 가지고 태어난 것이 아닌가라는 생각이 들 정도입니다.

그런데 디지털 교육은 네트워크 및 디지털 기기의 구입과 같은 환경구축이 우선되어야 하므로 예산이 필요하여 선뜻 시작하기가 쉽지 않습니다. 또한 유아교사들마다 디지털을 활용하는 능력의 차이가 크기 때문에 디지털을 교육적으로 자신 있게 활용하기보다는 걱정이 앞서는 것이 현실입니다. 그리고 대다수의 유아교사들이 교원양성과정 중에 있었을 때는 최근의 디지털 교육이나 인공지능 교육에 대한 내용을 배울 기회가 적었기 때문에 교사들의 유아 디지털 교육 관련 준비도가 낮은 것도 사실입니다. 그러나 교사의 디지털 관련 교수효능감이 높을수록 유아와의 디지털 교육이나 인공지능 교육의 유의미성이 높아진다는 많은 연구결과를 볼 때 유아 디지털 교육에서 교사의 역할은 가장 중요하다고 해도 과언이 아닙니다.

이제 디지털 네이티브인 유아들은 디지털 세상에 대해 궁금해하고 좀 더 알고 싶어하며 디지털을 활용하여 다양한 경험을 하고 싶어합니다. 그리고 실제 유아교사가 스스로 완벽하게 준비된 이후 기기를 내주어야 한다는 부담감을 내려놓아도 되겠습니다. 디지털 네이티브인 유아들은 교사의 염려를 상쇄시킬 것이고 교실의 여러 교구 중 하나로서 디지털을 놀이로 다가가고 즐기는 것을 보며 교사 자신의 염려는 기우였음을 알게 될 것입니다.

본 저서에는 인공지능 기반 iOrad 프로그램을 이용하여 유아교사가 기본적으로 알아야 할 플랫폼이나 애플리케이션의 이용방법을 쉽게 소개하고 있으므로 QR코드를 통해 접근하여 사용방법을 익힐 수 있습니다. 디지털 시민성에서 활용한 영상 콘텐츠, 가정통신문, 카드뉴스 등은 모두 파일로 수록하여 선생님들께서 크리에이티브 커먼스 라이선스(CCL: Creative Commons License)를 지키며 사용하실 수 있도록 공유하였습니다. 또한 교육부 아이누리포털의 자료를 함께 소개하니 유아교육적으로 의미 있는 유아 디지털 교육을 하는 데 누구나 부담 없이 사용할 수 있을 것입니다. 그리하여 디지털에 대해 이미 유능함을 지니고 있는 신인류인 유아들과 함께 유아 디지털 교육을 발달에 적합하면서 유의미하게 적용하고자 하는 모든 선생님들께 이 책을 바칩니다.

2024년 어느 여름날, 저자 일동

차례

I 놀이로 여는 유아 디지털 교육의 개념과 필요성

II 놀이로 여는 유아 디지털 교육의 내용

III 놀이로 여는 유아 디지털 교육의 실제

IV 부록

놀이로 여는
유아 디지털 교육
바로 알기

Ⅰ. 놀이로 여는 유아 디지털 교육의 개념과 필요성

유이: 우리 집에 아이패드 있어.

민율: 우리 집에 패드는 없는데, 엄마한테 보라색 스마트폰 있어. 나 엄마 폰 비밀번호 안다, 7238.

유이: 나도 우리 엄마 비밀번호 알아. 아빠는........아, 모르겠다.
(유아들 모두 웃는다)

시우: 우리 집 비밀번호 알려줄까? 3269야, 3269. 하하.

민율: 야! 비밀번호 알려주면 도둑 들어와.
(유아들 모두 눈이 커진다)

하온: 우리 아빠는 내가 하고 싶을 때마다 아빠 아이패드 주셔. 아빠가 이렇게 손가락 대면 켜진다. 로블록스 할 수 있거든.

유이: 나도 로블록스 해봤는데.

하온: 너 어디까지 해봤는데?

시우: 나는 넷플릭스 있어. 내 꺼랑 동생 꺼랑.

요즈음 유아들은 가정에서 보고 들었던 디지털 경험에 대해 반려동물이나 장난감 이야기하듯 자연스럽게 서로 대화하는 것을 볼 수 있습니다. 함께 이야기하며 서로의 디지털 경험을 비교하기도 하고 관련 지식이나 상식들을 조금씩 키워나가기도 하면서 같이 웃고 같이 놀라기도 합니다. 유아의 일상생활은 수많은 디지털 테크놀로지로 둘러싸인 환경에서 이루어지고 있는데, 이러한 디지털 환경은 유아 주변에서 부모나 형제자매가 스마트폰이나 컴퓨터를 이용하여 문자를 주고받고 이메일을 쓰며 동영상을 보고 사진을 찍어 SNS에 올리는 모습을 보는 것도 포함합니다. 또한 조부모와 영상통화를 하거나, 태블릿PC로 동화를 듣는 것, 마인크래프트 등 게임을 하는 상황, 키오스크에서 음식을 주문하거나 식당의 서빙로봇을 보는 상황 등을 모두 말합니다. 즉 유아를 둘러싼 디지털 환경은 단순히 유아 주변에 존재하는 다양한 디지털 기기 자체를 의미하는 것이 아니라 이러한 경험들과 얽힌 긍정적 · 부정적 정서가 모두 연결된 '체화된 인지(embodied cognition)'로서의 경험을 모두 포함합니다. 이처럼 유아가 디지털 환경에서 경험한 이야기들은 유아교육기관의 일과와 놀이 전반에 자연스럽게 스며들어 있음을 쉽게 관찰할 수 있습니다.

이러한 모습을 볼 때마다 교사와 부모는 유아가 너무 디지털 기기에 몰입하게 되는 것은 아닐까 하는 걱정을 하게 되며 디지털 기기를 유아에게 사주는 게 맞는지, 유아 소유의 기기를 사주지 않더라도 부모의 기기를 유아의 손에 내어주는 게 맞는 건지 끊임없는 망설임과 고민을 하게 됩니다. 어떤 가정에서는 나름대로 스마트폰의 사용시간을 정하거나, 식사 중엔 사용금지 등의 규칙을 정해서 지키려고 노력하기도 하는데 그 과정에서 유아와 마찰이 있기도 합니다. '초등학생 될 때까지 기다리기'라는 규칙을 가지고 유아의 개인 스마트폰 구입시기를 정해두기도 합니다.

교사의 경우는 교육에서의 디지털 기기 활용에 대해 한 번도 해 보지 않았다는 교사부터 다양한 기기를 활용하여 여러 가지 교육적 경험이 있다는 교사까지 매우 다양한 상황입니다. 교실에서 유아와 직접 활용하면서도 어떻게 하는 것이 교육적으로 바람직한지, 지금 하는 방식이 적절한 건지 등에 대한 분명한 확신이 없다고 말하기도 합니다. 몇몇 교사들은 유아가 그동안 해오던 놀이보다 디지털 놀이에만 치우

치게 될까봐 염려하기도 하고, 몇몇 교사들은 자신의 디지털 사용에 대한 자신감 부족으로 인해 디지털을 교실에 적용하는 것을 꺼리게 된다고 이야기합니다. 어떤 교사들은 유아와 디지털 놀이를 해보고 싶지만 유치원의 디지털 환경이 갖추어져 있지 않아서 시작하지 못하고 있기도 하며, 단순한 디지털 활용이 아닌 교육적 접근을 위한 구체적이고 명확한 가이드라인이 필요하다고 말합니다.

1. 유아 디지털 교육이 무엇인가요?

유아 디지털 교육은 유아의 디지털 역량 함양을 위한 교육

유아 디지털 교육이란 디지털 세상에서 살아갈 미래시민인 유아에게 필요한 '디지털 역량(digital competence)'을 함양하는 교육임. 유아의 디지털 역량은 "유아가 디지털의 이로움과 위험성을 알고, 놀이 · 일상생활 · 활동에서 디지털 미디어를 주도적으로 사용하며 자신의 생각과 느낌을 표현하고 소통하고 디지털 사회에 안전하고 건강하게 참여할 수 있는 능력임(배윤진, 임은미, 김교령, 김혜진, 2023, p.103)."

유아의 디지털 역량은 디지털 시민성과 초기 디지털 리터러시로 구성

유아의 디지털 역량은 구체적으로 미래시민의 기초 소양인 '디지털 시민성(digital citizenship)'을 길러주며, 동시에 유아가 디지털이 무엇인지를 알고 디지털 기기를 사용하며 '초기 디지털 리터러시(early digital literacy)'를 키울 수 있도록 하는 교육임(배윤진 외, 2023).

유아 디지털 교육은 디지털 콘텐츠와 디지털 기기 사용 포함

유아 디지털 교육에서의 디지털 기기는 전자적으로 사용되는 모든 형태의 기술인 컴퓨터, 스마트폰, 태블릿PC, 인공지능, 로봇 등 과거로부터 최근까지 계속 새롭게 등장하고 있는 모든 하드웨어적 기기와 교육용 앱, AI 플랫폼, 디지털 프로그램 등 모든 디지털 콘텐츠를 의미함.

유아 디지털 교육의 방향성

유아 디지털 교육은 유아 · 놀이중심 교육과정인 개정 누리과정에 맞게 놀이 · 일상생활 · 활동을 통해 플러그드 놀이(plugged: 디지털 기기를 사용한 놀이)와 언플러그드 놀이(unplugged: 디지털 기기의 사용 없이 컴퓨팅 사고력을 키울 수 있는 아날로그적인 놀이)가 균형 있게 이루어지며, 교사의 교육적 지원을 통한 '안내된 놀이(guided play)'가 되어야 바람직함. 특히 유아교육에서 디지털이 사용될 때는 디지털 기기를 사용하는 것 자체가 목적이 되어서는 안 되며, 유아의 놀이 아이디어와 생각이 중심이 되면서 이를 지원하는 방법으로써 적절한 디지털 기술이 활용되는 방향으로 이루어져야 함.

2. 왜 유아에게 디지털 교육을 해야 하나요?

유아는 디지털 세상에서 살아갈 디지털 네이티브

- '디지털 네이티브(digital natives)'란 미국의 교육학자인 마크 프렌스키가 처음 사용한 용어로서, 태어나면서부터 디지털에 둘러싸여 자라난 세대를 말함(Prensky, 2001).
- 디지털 네이티브는 디지털 기기를 사용하는 것이 자연스러우며 사용설명서에 없는 내용도 쉽게 발견해낼 수 있고 자기 생각과 느낌을 표현하기 위해 멀티모달(multimodal) 즉, 텍스트, 이미지, 오디오, 비디오 등 다양한 양식의 디지털을 활용하며 그들 나름의 문화를 가짐.
- 그러나 디지털 네이티브라고 해서 아무런 노력 없이 디지털 역량이 저절로 생기는 것은 아님. 바람직한 디지털 네이티브로 성장하려면 양질의 디지털 교육을 통해 디지털 역량을 키울 필요가 있음(OECD, 2021).

유아의 디지털 사용연령이 어려지고 디지털 과의존 증가

- 디지털을 처음 사용하는 유아의 연령이 점차 어려지고 있으며 거의 60% 정도의 유아가 디지털을 매일 사용하고 있고 대부분의 유아들은 이미 12~24개월부터

스마트폰이나 태블릿PC를 이용하기 시작함(이정원 외, 2021).

- 2022년 조사에 따르면 유아의 25% 가량이 스마트폰 과의존위험군에 해당하며 다른 놀이보다 스마트폰을 사용하려고 하고 이를 못하게 하면 심하게 반항하는 등 디지털 조절력과 관련된 문제가 심각함(배윤진 외, 2023).
- 유아가 무방비 상태에서 디지털 위험에 노출되기 전에 유아교육전문가인 교사와 함께 디지털 안전에 대한 이해를 높이고 미래사회를 살아가는데 필요한 디지털 시민성을 기를 필요가 있음.

유아의 자연스러운 흥미와 관심을 지원하는 교육

- 유아는 일상생활에서 이미 다양한 디지털 기기를 자연스럽게 접하고 있어서 언어영역에 디지털이나 인공지능, 로봇과 관련된 책을 제공하면 관심을 보이며 더욱 알고 싶어 질문하는 모습을 보임.
- 유아에게 디지털은 주변 세계를 구성하는 자연스러운 삶 자체이며 교육내용에 영향을 미치는 주요한 사회문화적 체계로 자리 잡았으므로 유아교육에서 디지털 테크놀로지를 활용한 교육과 놀이는 유아의 연령과 상관없이 더 이상 선택이 아닌 필수임(Cowan, 2008).
- 유아는 스마트폰, 태블릿PC, 스마트TV, AI스피커 및 로봇 등에 대해 흥미와 관심을 가지며 유아교육기관에서 접하는 다양한 디지털 매체에 대해서도 거부감 없이 놀이로 다가감.
- 유아가 주변 세계에 있는 디지털을 알고 싶어 하는 호기심과 궁금증을 채워주고 다양한 디지털에 대한 긍정적인 태도와 가치관을 가질 수 있도록 교육적 지원이 필요함.

디지털이 가진 어포던스로 유아의 놀이 심화 및 확장

- '어포던스(affordance)'란 해당 사물이 지닌 행동유도성을 말하는데, 예를 들어 의자는 앉을 수 있는 어포던스가 있어서 의자를 보면 앉게 되고, 공은 튕겨지는 어

포던스가 있어서 튕기며 놀이하게 되는 것을 의미함.

- 디지털 기기가 지닌 어포던스는 유아가 디지털을 이용하여 많은 정보를 얻게 하며 디지털 놀이를 통해 새로운 생각이나 경험을 하게 하고 디지털과 아날로그 놀이를 넘나들며 놀이의 심화 및 확장을 이루게 함.
- 최근 테크놀로지의 발전은 유아의 언어발달이 완성되지 않았더라도 터치스크린, 쓰기 자동 완성, 음성을 문자로 바꾸는 기술(STT: Speech To Text) 등의 지원을 통해 유아가 디지털과 직관적으로 상호작용하도록 지원함.

유아의 디지털 격차를 줄이기 위한 교육적 노력

- '디지털 격차(digital divide)'란 디지털을 사용할 수 있는 사람과 그렇지 않은 사람 간의 정보격차를 의미하며, 이는 향후 학교 교육에서의 격차, 더 나아가 사회진출 및 직업의 격차로 이어질 수 있음.
- 교육에서 말하는 디지털 격차는 단순히 유아에게 새로운 정보통신기술(ICT: Information and Communication Technologies)을 접하도록 내어주는 것으로 끝나는 것이 아니라, 이를 또래나 교사 등 다른 사람들과 함께 유의미하게 상호작용하며 긍정적으로 '사용하는 경험'을 갖도록 하는 것을 의미함(OECD, 2023).
- 교육은 모든 인간에게 평등한 기회를 제공하는 의미를 가지므로, 서로 다른 사회경제적 수준을 가진 유아들의 디지털 격차를 해소하기 위해서 유아교육기관에서 디지털 기술을 접하도록 하는 디지털 교육이 필요함.

3. 하지만 교사로서 고민이 많아요!

유아의 발달 적합성에 대한 염려: 유아는 구체적인 경험을 통해 배워야 하는데, 디지털은 유아의 발달에 적합하지 않을까 봐 걱정이에요.

- 클레멘트(Clements) 교수는 과연 유아에게 '구체적(concrete)'인 것은 무엇이며' 추상적(abstract)'인 것은 무엇인가라고 질문하면서, '구체적'이라는 것이 반드시 '만질 수 있는(tangible)' 것을 의미하는 것은 아니며, 유아가 '조작할 수 있고(manipulative)' 그 조작에 의한 즉각적인 변화를 눈으로 볼 수 있다면 그것이 바로 구체적인 것이라고 함. 즉 디지털 기기도 스크린 상의 사물을 유아가 조작할 수 있고 그 변화를 쉽게 즉각적으로 관찰 가능하다면 충분히 구체적인 경험일 수 있음(Clements, 1994).
- 유아는 디지털 이전에 먼저 주변 세계에 대해 직접 경험을 통해 탐색해야 함. 그 이후에 직접 경험을 토대로 디지털 경험이 더해지면서 비로소 유아를 둘러싼 디지털 세상에 대해 알아가게 됨. 예를 들어 유아가 직접 흙을 만지며 텃밭에 씨앗을 심고 물을 주는 경험을 먼저 한 후에 메타버스 공간에 텃밭을 구성하는 디지털 놀이가 이루어졌을 때 유아에게 교육적이며 발달적으로 의미 있을 수 있으나, 그 반대의 순서는 바람직하지 않음.
- 유아 · 놀이 중심으로 디지털을 활용하면서 유아의 생각이 중심이 되고 유아가 창작하며 만들어 나가는 방식으로 이루어지는 것이 중요함. 유아의 개인차를 인정하면서 유아가 자신의 생각과 느낌을 디지털이라는 매체를 사용하여 표현할 때 유아의 목소리, 그림, 글자, 움직임 등 다양한 방식을 통해 표현하도록 허용하는 것이 중요함. 이를 통해 유아의 인지, 언어, 정서 등 전인발달을 이룰 수 있음.

팝콘 브레인에 대한 주의: 어린 시기에 디지털 과의존이 되면 두뇌발달에도 부정적인 영향을 줄까 봐 걱정돼요.

- 팝콘 브레인(popcorn brain)이란 어린 시기에 디지털을 지나치게 사용하게 되면서 점차 과의존으로 갈수록 어린이의 두뇌가 팝콘이 튀는 것과 같은 강한 자극에 대해서는 반응을 보이지만 그렇지 않은 일상적인 자극에 대해서는 반응을 보이지 않게 되는 현상을 의미함.

- 어린 연령의 유아가 디지털 기기를 너무 많이 사용할 경우 유아의 신체발달 및 뇌 건강에 부정적인 영향을 줌. 특히 수면 1시간 전에 디지털 기기를 멀리하고 블루라이트에 노출되지 않도록 해야 유아의 수면의 질이 높아지며 세포 재생 및 건강에 좋음.
- 디지털 과의존에 의한 팝콘 브레인은 외부의 자극에 대해 코카인에 중독된 뇌가 반응하는 영역과 거의 유사한 영역이 반응을 하며, 특히 폭력게임을 할 경우 처음보다 열흘 정도 지난 시점에 외부 자극에 대한 두뇌의 반응이 현저히 감소하는 것을 볼 수 있어 팝콘 브레인이 심해지는 현상이 나타남.
- 따라서 유아기의 발달에 적합하고 교육적으로 적절한 양질의 디지털 교육과 디지털 조절력 등 디지털 시민성 교육이 더욱 필요함.

13세 미만의 연령 제한: 디지털 기기 중 유아기에 적절하지 않은 것도 있을텐데 명확한 안내가 있으면 좋겠어요.

- 교사는 유아교육전문가로서 유아기에 적절한 디지털과 그렇지 않은 디지털에 대해 알 필요가 있음. 가상현실을 하기 위해서 머리에 착용해야 하는 헤드 마운티드 디스플레이(HMD: Head Mounted Display)와 챗GPT(ChatGPT)로 많이 알려진 생성형 AI(Generative Artificial Intelligence)는 13세 미만 아동에게 사용 금지되어 있음.
- 헤드 마운티드 디스플레이의 경우, 유아의 시력발달을 저해할 수 있으며 심한 유아는 매스꺼움이나 구토, 두통을 호소하고, 3D 입체 가상공간에서 컨트롤러 등을 함께 이용하여 탐색하는 중 균형을 잃고 앞으로 넘어지기도 하여 위험함.
- 생성형 AI의 경우, 인공지능이 인터넷상의 자료(LLM: Large Language Model)를 패턴과 확률을 기반으로 만들어내는 과정에서 사실과 다른 내용으로 생성될 수 있는 위험이 있으며, 유아는 아직 선경험이나 사전지식이 적어 생성된 내용의 사실 여부를 확인하는데 필요한 데이터가 상대적으로 부족하여 생성형 AI

사용이 부적절함.

부모의 디지털에 대한 염려: 유아교육기관에서 디지털 기기를 이용했다고 하면 무조건 염려하는 부모님들을 고려하지 않을 수가 없어요.

- 가정마다 부모의 유아 디지털 교육에 대한 철학이 다양하며 누가 옳고 누가 그르다고 판단할 수 있는 사안은 아님. 다만 유아교사는 유아의 가정에서 부모가 가진 디지털에 대한 인식과 철학을 조사하여 유아교육기관의 디지털 교육 방향성 수립에 반영하거나 조율이 필요함(OECD, 2023).
- 유아가 디지털 기기를 이용하여 다양한 디지털 놀이를 하는 것 이전에 디지털 조절능력 등 디지털 시민성과 관련된 교육이 선행되어야 하며, 이는 가정에서 겪는 부모의 어려움인 유아의 기기 사용 시간 제한 및 현명한 사용 습관 형성에 도움을 줄 수 있음.
- 유아교육기관에서의 디지털 교육은 부모교육과 함께 시작하여 부모의 적극적인 지지와 참여가 기반이 되는 가정연계로 이어지는 것이 바람직함. 대부분의 부모는 유아교육기관의 디지털 관련 부모교육을 통해 디지털 기기를 사용할 수 있는 유아의 연령, 디지털 사용 중 부모와 유아의 상호작용 방법, 유아에게 적합한 디지털 프로그램을 알고 싶어하며, 유아의 디지털 사용이 유아의 건강이나 발달에 미치는 영향에 대해서 배우고 싶어함.

예산, 디지털 환경 필요: 유아 디지털 교육을 해보고 싶지만 아직 교실 환경이 갖추어지지 않아서 어려움이 많아요.

- 디지털 테크놀로지는 기본적으로 무선 네트워크 구축, 터치가 가능한 스마트 TV, 태블릿PC가 필요하므로 예산의 투입이 필요함. 교육부는 미래교육을 지원하기 위해 유아교육기관의 디지털 환경구축 관련 연구를 통해 이에 대한 예산 지원을 논의하고 있음(배윤진 외, 2023).

- 그러나 유아 디지털 교육은 언플러그드 놀이의 형태로도 충분히 이루어질 수 있으므로 디지털 환경구축 이전에도 시작할 수 있으며 점차 새로운 디지털 기기를 추가해가면서 확장할 수 있음. 또한 화면미러링이 가능한 스마트폰을 이용하여 스마트TV에 확대하여 공유하고 다양한 디지털 플랫폼이나 애플리케이션을 이용하는 방식도 가능함.

교사의 디지털 역량 부족: 유아에게 디지털 기기를 내주기 전에 교사로서 준비가 되지 않았다는 두려움이 커서 시작하기 어려워요.

- 교사가 염려하는 것과 달리 디지털 네이티브인 유아는 디지털 기기를 별도로 교사로부터 배워야 할 매체로 보기 보다는 놀이하며 자연스럽게 탐색하고 스스로 디지털 기기의 사용방법을 알아가므로, 교사는 유창한 디지털 사용 능력 자체보다 함께 탐색하고 놀이하고자 하는 열린 마음을 갖는 것이 더욱 중요함.
- 교사에게 요구되는 디지털 역량은 유아와의 탐색 과정에서 점차 발달해갈 수 있기 때문에 기본적인 디지털 역량 연수를 기반으로 교실에서 유아와 함께 직접 실행해보는 것이 필요하며, 망설이기보다 일단 시작해보면 자신감을 갖게 됨.
- 유치원 교사의 디지털 역량 수준 자가 진단은 "아이누리포털-배움누리-현장지원자료-디지털 역량 강화-유치원 교사의 디지털 역량 강화 연수자료 p.15-16"에서 할 수 있음.

4. 유아 디지털 교육의 교육적 가치는 무엇인가요?

신체 발달
대소근육 발달과 눈과 손의 협응능력, 신체의 인식과 탐색을 통한 신체조절능력이 골고루 발달

인지 발달
절차적 지식, 고차원적 사고, 메타인지 함양과 함께 다양한 간접경험은 생각의 폭과 깊이 확장

언어 발달
디지털을 매개로 자신의 생각과 느낌을 표현하며 언어적으로 소통하고 생각의 공유와 확산에 참여 가능

사회·정서 발달
협력하며 다른 사람과의 긍정적 상호작용을 통한 디지털 경험을 제공하여 사회적 기술과 정서 발달 도모

창의성 발달
새로운 시도와 아이디어의 접목을 통한 창조 및 재창조의 경험으로 창의성 발달 도모

긍정적 테크놀로지 발달
디지털 기기를 상호작용 기반 긍정적으로 사용하며 소통하고 참여하는 경험을 하여 디지털에 대한 바른 가치관 형성

신체 발달

- 유아는 터치스크린을 이용하거나 버튼을 누르는 행위, 한 번 누르기(클릭: click)나 두 번 누르기(더블클릭: double click), 끌어내리기(드래그: drag) 등을 하면서 소근육 발달을 이룸.
- 스크린의 사물을 보면서 손을 이용하여 조작하고 움직이는 행동을 통해 '눈과 손의 협응능력(eye–hand coordination)'을 키우며 공간에 대한 인식을 통해 카메라 화면에 원하는 사물을 모두 들어가도록 하기 위해 앞뒤로 몸을 움직이며 원근감을 경험할 수 있음.
- 티처블 머신(Teachable machine), 스크루블리(Scroobly) 등 신체를 자연스럽게 움직이는 프로그램을 이용하면서 신체 부위에 대한 인식, 신체 움직임에 대한 조절 등 운동능력을 키울 수 있음.

인지 발달

- 유아의 조작에 따른 디지털 기기의 반응이나 변화를 관찰하면서 원인과 결과의 관계를 이해하고 디지털 작동방법이나 순서를 이해하면서 절차적 지식을 형성할 수 있음.
- 실감형 사용자 인터페이스(TUI: Tangible User Interface)를 이용하여 현실 세계에서 쉽게 경험할 수 없는 해저, 우주, 다른 나라 등 다양한 간접경험을 가지게 되면서 주변 세계를 좀 더 쉽고 명확하게 이해할 수 있음.
- 프로젝트를 하기 위해 메타인지를 활용하여 시작부터 끝까지 진행 및 평가하면서 논리적 사고력, 문제해결력, 인과관계의 이해, 비판적 사고력, 컴퓨팅 사고력 등을 키울 수 있음.

언어 발달

- 동시적, 비동시적 정보통신기술의 활용을 통해 다른 사람과 활발하게 소통하는 경험을 가질 수 있음.
- 디지털 관련 용어를 사용하면서 어휘력이 향상되며 자신의 작품이나 프로젝트에 대해 소개하고 설명하는 경험을 통해 다른 사람 앞에서 발표하는 기회를 가질 수 있음.
- 디지털 기기를 매개로 또래 및 성인과 상호작용하며 자신의 생각과 느낌을 언어적으로 표현하는 능력이 발달함.

사회 발달

- 또래나 성인과 함께 디지털 기기를 이용하여 협력하는 경험을 가지면서 사회성 발달을 이루며 제한된 디지털 기기를 나눠 쓰면서 공유, 나눔, 배려 등 사회적 기술을 배움.
- 자신의 생각과 감정을 디지털 기기로 표현하고 다른 사람의 생각도 디지털을 매개로 접하게 되면서 다양한 생각과 표현을 공감하고 존중하는 마음을 가짐.
- 디지털 세계는 이로움과 해로움이 동시에 있음을 알고 지혜롭게 사용하는 디지털 안전, 책임감 있게 사용하는 디지털 발자국 등 디지털 시민성을 발달시킬 수 있음.

정서 발달

- 교육적으로 바람직한 디지털 교육을 경험하면 디지털 공간에서 허용되는 것과 그렇지 않은 것의 경계를 명확히 이해하게 되고 그 안에서 안전하게 사용하는 방법을 익히면서 안정감을 기반으로 사용하게 됨.
- 자신의 감정과 같이 다른 사람에게도 감정이입하며 서로 다른 감정을 이해하고 적절히 표현할 수 있는 능력을 갖게 됨.
- 디지털 기기를 적절히 조작하고 이용하여 프로젝트를 완성해가면서 긍정적인 자아상과 자신감, 성취감, 만족감을 얻는 정서 발달을 이룸.

창의성 발달

- 디지털을 이용하여 새로운 동화, 노래, 영상 등을 만드는 창작 과정에 자연스럽게 참여하게 되고 그 과정에서 창의적인 생각을 많이 하게 됨.
- 교실이라는 제한된 공간을 극복하여 세계 여러 나라 또는 우주까지 다양한 공간을 가상현실, 증강현실 등으로 방문하면서 생각의 확장을 경험하고 창의성을 발달시킬 수 있음.
- 흥미로운 아이디어를 구현하기 위해 다양한 디지털을 활용하여 발산적인 방식으로 해결해보는 경험을 하면서 독창적이며 유연한 사고, 유창한 사고를 할 수 있음.

긍정적 테크놀로지 발달

- 디지털 테크놀로지를 다른 사람과 협력하며 긍정적으로 사용하는 경험을 통해 디지털에 대해 바람직한 태도와 자세를 가지며 미래시민에게 필요한 소양으로서의 디지털 역량을 함양할 수 있음.
- 디지털 기기의 작동원리를 이해하며 디지털과 상호작용하기 위한 인터페이스, 아이콘, 버튼 등의 사용방법을 알고 필요에 따라 적절히 조작할 수 있는 능력을 가짐.
- 디지털 세상에서 자신을 지키면서 적절히 사용하며 다른 사람과 긍정적으로 소통하고 적극적으로 주변 세계에 공헌하는 경험을 통해 긍정적 테크놀로지 발달을 이룰 수 있음.

놀이로 여는
유아 디지털 교육
바로 알기

Ⅱ. 놀이로 여는 유아 디지털 교육의 내용

1. 유아 디지털 교육의 교육목표는 무엇인가요?

교육목표

- 유아 디지털 교육의 교육목표는 유아가 디지털 세상은 이로움과 유해함을 동시에 가지고 있음을 알고, 또래 및 성인과의 긍정적인 상호작용을 통해 디지털을 함께 이용하면서 주도적으로 소통하는 경험을 하며, 디지털 세상에서 책임감 있는 미래시민으로 성장하도록 하는 것임.

유아의 '긍정적 테크놀로지 발달(PTD: Positive Technological Development)'

- 유아 디지털 교육의 교육목표를 향하는 것은 궁극적으로 21세기의 유아에게 필요한 새로운 발달영역인 '긍정적 테크놀로지 발달'을 이루도록 하는 것임.
- 긍정적 테크놀로지 발달이란 유아기에 디지털 기기를 긍정적으로 사용하는 경험을 통해 테크놀로지에 대한 건전한 태도와 가치관을 형성하는 것을 의미함.
- 긍정적 테크놀로지 발달을 이룬 유아는 돌봄, 관계성, 공헌, 역량, 자신감, 인성이라는 성품을 갖추게 되며, 이러한 성품은 협력, 의사소통, 공동체 구축, 콘텐츠 창작, 창의성, 바른 행동의 선택이라는 행동으로 나타남.

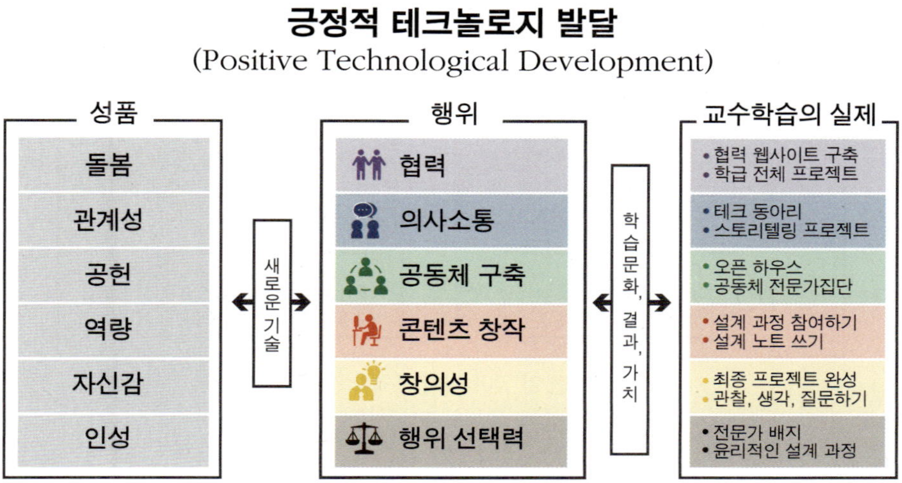

[그림 1] 긍정적 테크놀로지 발달의 프레임워크

출처: Bers, M. U. (2010). Beyond computer literacy: Supporting youth's positive development through technology. *New Directions for Youth Development, 128*, 13–23.

2. 유아 디지털 교육의 교육내용은 무엇인가요?

교육내용: 초기 디지털 리터러시와 디지털 시민성

- 유아 디지털 교육의 교육내용은 유아의 디지털 역량 즉, 초기 디지털 리터러시와 디지털 시민성을 키우는 것임.
- 초기 디지털 리터러시는 디지털 이해, 활용, 소통, 참여를 포함하며, 디지털 시민성은 디지털 조절력, 네티켓(디지털 발자국), 디지털 안전, 저작권 및 라이선스, 반편견을 포함함.

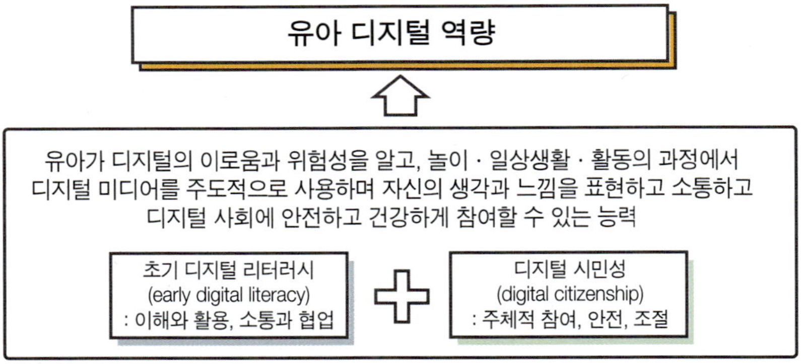

[그림 2] 유아 디지털 역량 정의

출처: 배윤진 외(2023). 유아를 위한 디지털 교육 지원 방안 마련 기초 연구. 육아정책연구소. p.103

유아 디지털 교육에서 다루는 교육내용은 구체적으로 다음의 〈표 1〉과 같음.

〈표 1〉 유아 디지털 교육 지원 가이드라인[1]

구성요소	목표	유아의 놀이 · 활동	교사의 역할
초기 디지털 리터러시	1. 디지털은 이로움과 유해함을 동시에 가지고 있음을 이해하며 디지털 미디어를 탐색한다.	–디지털은 불이나 칼처럼 이로움과 유해함을 모두 가지고 있어요. –디지털 미디어를 알아가요.	–디지털이 우리 생활에 주는 편리함 함께 알아보기 –다양한 디지털 미디어의 교수 · 학습 자료 소개하기 –디지털은 잘못 사용 시 위험함을 함께 알아보기 –디지털 미디어의 사용법(켜는 법과 끄는 법 등)을 알려주기
	2. 성인 또는 또래와 함께 디지털 미디어를 긍정적으로 사용하는 경험을 한다.	–디지털 미디어를 활용하여 놀이해요. –디지털로 함께 콘텐츠(사진, 영상, UCC 등)를 만들어요.	–놀이에 필요한 디지털 미디어를 유아와 함께 찾아보고, 놀이 확장을 지원하기 –제작과정에 유아의 생각이 주도적으로 반영되며 또래 및 기기와 협업하도록 지원하기

1) 배윤진 외(2023). 유아를 위한 디지털 교육 지원 방안 마련 기초 연구. 육아정책연구소. p.104–106

구성요소	목표	유아의 놀이 · 활동	교사의 역할
초기 디지털 리터러시	3. 디지털을 이용하여 자신의 생각과 느낌을 자신 있게 표현하고 타인의 생각을 이해하며 의사소통하는 경험을 한다.	–디지털은 나와 우리를 연결해요. –디지털로 소통할 수 있어요.	–디지털 미디어를 통한 긍정적 소통 경험 지원하기(예, 현장탐방 후 감사 카드 전달 등) –친구들과 놀이 경험을 공유하며 긍정적 소통 지원하기(예, 댓글, 좋아요로 의견 표현하기 등)
	4. 디지털 세상에 책임감 있고 지혜롭게 참여하여 선한 영향력을 주는 경험을 한다.	–놀이와 배움의 경험을 디지털 세상에서 다른 사람과 나누어요.	–유아가 새롭게 알게 된 내용을 디지털 이용해 공유하도록 지원하기 –유아가 주변에 선한 메시지를 전하도록 디지털 사용하기(예, 건강한 먹거리 캠페인 등)
디지털 시민성	1. 디지털 사용 규칙을 만들고, 스스로 사용을 조절하며 지킬 수 있다.	–디지털 사용 규칙을 함께 만들어 보아요. –다 쓴 후 스스로 끄는 멋진 어린이예요.	–디지털 사용 규칙(사용 시간, 기기 사용, 활용 가능한 콘텐츠 등)을 유아와 함께 정하기 –규칙 준수에 대해 칭찬하고 격려하기 –바람직한 디지털 사용 모델 되기
	2. 디지털 세상에서 지켜야 할 예의가 있음을 알고 책임감 있게 행동한다.	–보이지 않아도 바른 말, 고운 말을 해요. –디지털 공간에서도 바른 어린이예요.	–디지털 세상에서 예절을 지키도록 알려주기(예, 댓글을 쓸 때 등) –디지털 발자국을 알려주고 책임감 있는 어린이가 되도록 지원하기
	3. 디지털의 위험을 알고 자신을 지킬 수 있다.	–소중한 개인정보를 지켜요. –새로운 디지털 자료를 누르기 전에 어른에게 물어보아요. –어른에게 도움을 요청해요.	–개인정보보호의 중요성을 알려주기(이름, 주소, 전화번호 등) –링크를 알려주고 누르기 전에 성인에게 먼저 물어보도록 지원하기
	4. 디지털 자료를 공유할 때는 사전에 먼저 허락을 구해야 함을 안다.	–나, 친구, 가족 등 다른 사람을 (사진, 영상) 찍기 전에 먼저 물어보아요. –다른 사람의 작품을 공유하기 전에 먼저 물어보아요.	–디지털 자료는 원저작자가 있음을 알려주기 –친구에게 먼저 허락을 구하도록 지도하기
	5. 디지털 세상에서 소통할 때 공감, 포용, 다양성 이해 등 편견 없는 생각을 한다.	–다른 사람의 생각과 느낌을 존중해요. –서로 다르니까 아름다운 세상이에요.	–다양한 생각과 의견을 존중하는 허용적인 교실 분위기를 유지하기 –디지털 세상에서 서로 다른 표현과 생각을 존중하도록 지원하기

이와 같은 내용을 한눈에 볼 수 있도록 정리하면 다음의 [그림 3]과 같음.

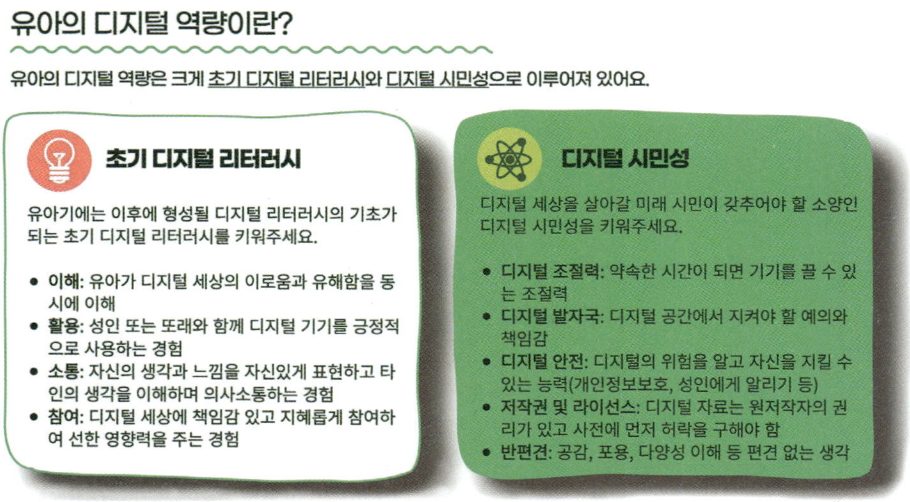

[그림 3] 유아 디지털 교육의 교육내용

출처: 아이누리 포털(i-nuri.go.kr)-학부모누리-학부모 연수자료-[부모연수]부모가 알아야 할 유아의 디지털 역량 기르기

3. 유아 디지털 교육의 교육방법은 무엇인가요?

Q 환경구성은 어떻게 하나요?

• 유아의 디지털 놀이는 통합적으로 이루어지기 때문에 별도의 디지털 영역이 흥미영역으로 존재할 필요는 없으나, 유아 디지털 교육을 시작하기 위해서는 기본적인 환경구성이 필요함. 그리고 더 많은 디지털 경험을 제공하고 싶다면 추가적인 환경구성에 있는 기기도 순서대로 한두 가지씩 추가해가면서 디지털 교육을 할 수 있음.

• 기본 환경구성

무선 네트워크

태블릿PC + 펜

스마트 TV

"태블릿PC는 10인치 이상으로 손잡이와 거치대가 있는 커버를 씌우면 유아가 사용하기에 안전하고 편해요. 스마트TV는 터치스크린이 가능하고 태블릿PC나 교사의 스마트폰과 화면미러링이 되어야 좋아요. 태블릿PC의 바탕화면은 유아가 사용할 아이콘만 배치되도록 정리해요."

• 추가적인 환경구성

타이머

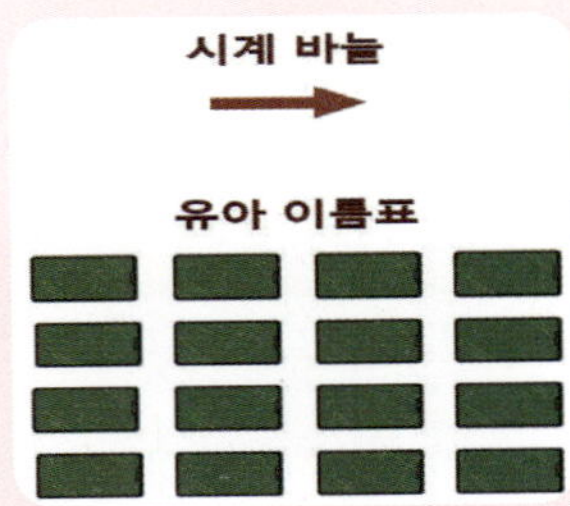

시간표[2]

"유아들이 놀이를 중심으로 자연스럽게 교대하며 놀이하는 것이 바람직하여 메모할 수 있는 타이머가 유용했어요. 유아들이 주도적으로 약속을 만들어서 사용해요. 필요시 시간표를 사용할 수 있어요."

---

2) 아이누리포털–현장지원자료–미디어문해교육–(사례3–1.PPT) 태블릿PC 사용 시간표 https://i–nuri.go.kr/main/board/view.do?menu_idx=229&manage_idx=89&board_idx=2228&old_menu_idx=0&old_manage_idx=0&old_board_idx=0&group_depth=0&parent_idx=0&group_idx=0&entire_check=&entire_idx=0&how_show=each&ismodal_yn=N&search_type=title&–search_text=&viewPage=1

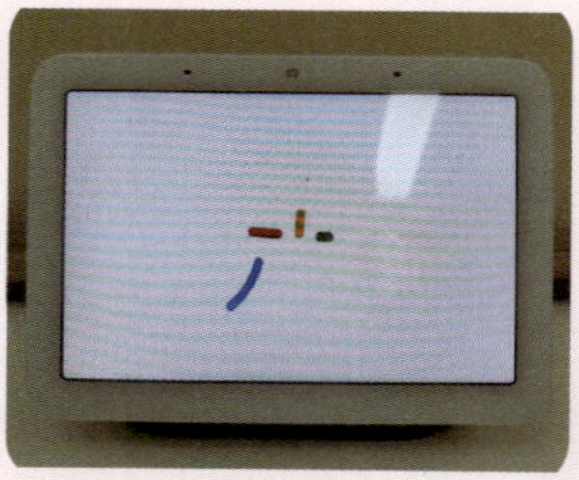

AI스피커

웹캠

디지털 현미경

"AI스피커는 날씨, 음악 등 정보를 얻고 대화를 할 수 있어서 유아의 새 친구 같아요. 디지털 현미경은 식물이나 사물을 더욱 자세히 관찰할 수 있고 화면미러링을 통해 큰 화면으로 함께 보며 이야기할 수 있으며 마이크로 세계를 경험할 수 있도록 해줘요."

태블릿(스마트폰) 삼각대

오조봇

멀지큐브(Merge Cube)

"태블릿PC를 삼각대에 고정하면 유아가 출연하는 영상을 찍을 때 유용해요. 오조봇은 유아가 마음껏 그리는 선을 따라 움직이며 색 조합에 따라 다른 움직임을 하는 로봇으로 컴퓨팅 사고력을 키울 수 있어요. 멀지큐브는 컴퓨터가 인식하는 디지털 표식인 '마커'가 새겨진 교구로 코스페이시스 앱을 통해 증강현실을 만들고 놀이할 수 있어요."

교사가 알아야 할 디지털 프로그램은 무엇이 있나요?

- 교사마다 디지털 역량 수준은 크게 차이가 나지만 가장 중요한 것은 유아 디지털 교육을 하겠다는 의지와 마음가짐임. 교사가 충분한 디지털 역량을 갖춰야 할 것 같지만 실제로 유아의 놀이 유능함을 믿고 내어주기 시작해보면 유아는 생각보다 놀이로서 다가가며 흥미롭게 탐색하는 모습을 보임.
- 교사는 디지털 테크놀로지를 유아의 놀이를 지원할 수 있는 교육적 도구로 생각하면서 유아가 디지털을 이용하여 또래와 협력하고 개방적인 놀이 경험을 통해 다양한 탐색을 할 수 있도록 유아의 흥미와 요구에 따른 디지털적 지원을 할 수 있는 것이 필요함.
- 다음은 교사가 유아 디지털 교육을 하기 위해서 기본적으로 알아야 할 애플리케이션이나 플랫폼을 유아의 욕구나 요구에 따른 지원으로 정리한 것임.

대한어린이교육협회

가. "더 크게 보고 싶어요"

화면미러링 – 스마트폰이나 태블릿PC는 화면이 작아 여러 명의 유아가 함께 놀이하기에 불편할 때가 많습니다. 유아들이 다 함께 보며 놀이할 수 있도록 TV 화면에 띄우기 위해서 TV에서 연결 설정을 해두고 스마트폰에선 스마트뷰 미러링 설정을 합니다.

놀이로 여는 유아 디지털 교육의 개념과 필요성
Ⅱ 놀이로 여는 유아 디지털 교육의 내용
놀이로 여는 유아 디지털 교육의 실제
부록

나. "컴퓨터로 그림 그리고 싶어요"

갤럭시 노트 - 펜을 이용해서 그림을 그리면 붓의 굵기나 종류, 색을 손쉽게 변형하며 그릴 수 있고 다시 그리고 싶을 때 방금 그린 부분만 취소, 모든 그림 삭제가 쉬우며 그린 그림을 저장하여 크기를 변형하거나 다른 그림과 합성할 수 있습니다.

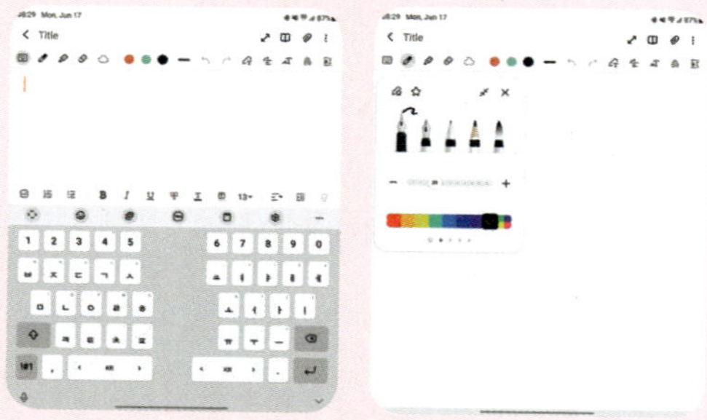

TIP 유사한 다른 앱

굿노트: 노트필기 앱으로 안드로이드, iOS 모두에서 가능하며 윈도우 버전과 태블릿 버전으로 호환이 가능해요.

에버노트: 클라우드에 저장하여 사용할 수 있고 노트 내용을 키워드, 날짜, 태그, 첨부파일 유형 등 다양하게 검색할 수 있고 공유와 협업에 편리해요.

다. "내 그림이 움직이면 좋겠어요"

애니메이티드 드로잉 – 유아가 그린 그림을 카메라로 찍어서 업로드하면 AI가 관절을 인식해서 움직임을 부여하는 프로그램이며, 여러 가지 움직임 중 원하는 움직임을 선택할 수 있고 영상 파일로 다운로드하여 다양하게 활용할 수 있습니다.

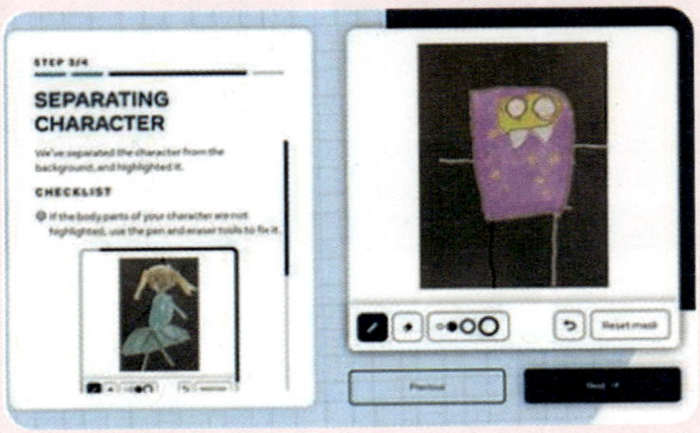

TIP 유사한 다른 앱

스크루블리: 유아가 움직이는 모습을 저장해서 피피티 슬라이드에 넣어 유아의 자기소개나 장래희망을 소개하는 슬라이드쇼를 만들 수 있어요.
프로크리에이터: 타임랩스 기능을 이용해서 유아가 그림 그리는 과정을 녹화한 영상을 돌려 볼 수 있어요.

라. "디지털 동화를 만들고 싶어요"

북크리에이터 – 디지털 공간 안에서 동화를 만들고 그림을 그린 후 우리 반 유아들의 동화를 만들어볼 수 있고 출력해서 그림책으로 만들거나, 파일로 다운로드 받아 큰 화면에서 감상하거나 다른 반 유아들에게 공유할 수 있습니다. 특히 캔바와 연동이 되어 만들기 편합니다.

TIP 유사한 다른 앱

북트랩스: 북크리에이터와 유사하게 디지털 동화책을 만들 수 있는 애플리케이션이에요. 자신이 사용하기에 더 편리한 플랫폼으로 선택하여 사용하세요.

마. "동영상을 만들고 싶어요"

키네마스터 - 초보자도 쉽게 영상을 편집하는 프로그램으로 자막, 효과음, 배경음악 등을 넣고 녹음 기능이나 장면전환 효과 등을 다양하게 줄 수 있어서 유아들과 동영상을 제작할 때 유용합니다.

TIP 유사한 다른 앱

Vrew: AI 기반으로 문서 편집처럼 쉽게 영상 편집을 할 수 있어서 자막을 삭제하면 해당 영상이 함께 삭제되고 녹음한 유아의 음성을 선택하여 텍스트를 치면 해당 유아의 목소리로 영상에 더빙이 되는 기능이 있어요.
캔바: 다양한 문서와 영상 등을 만들 수 있는데 특히 배경을 제거하여 이미지를 겹쳐 만드는데 유용해요.
Capcut: 영상을 촬영하면서 동시에 크로마키 효과를 낼 수 있어서 배경을 제거한 상태로 촬영할 때 간편하고 영상 편집할 때 배경 제거도 쉽게 할 수 있어요.

바. "스톱모션 동화를 만들고 싶어요"

스톱모션 스튜디오(Stop Motion Studio) - 영상을 만드는 한 방법으로서 사진 장면을 여러 장 찍어서 움직이는 것처럼 보이도록 만드는 것입니다. 스톱모션 스튜디오를 이용해서 사진 이미지를 불러오고 배열하거나 전환 효과를 주면서 자막이나 음향도 넣어 만들 수 있습니다.

사. "내 목소리를 넣고 싶어요"

클로바 더빙 – 영상 위에 유아의 목소리를 덧입히고 싶을 때 사용할 수 있고 유아의 이야기를 녹음한 후 AI가 모든 이야기를 글로 옮길 수도 있습니다. 또한 텍스트나 이미지를 음성으로 변환하는 것도 가능합니다.

아. "크로마키 놀이를 하고 싶어요"

줌 가상배경 – 별도의 초록색 부직포 배경이 없어도 쉽게 크로마키 효과를 낼 수 있는 방법은 줌의 가상배경 효과를 이용해서 원하는 이미지를 가상배경으로 설정하여 유아들이 카메라 앞에서 놀이할 수 있습니다.

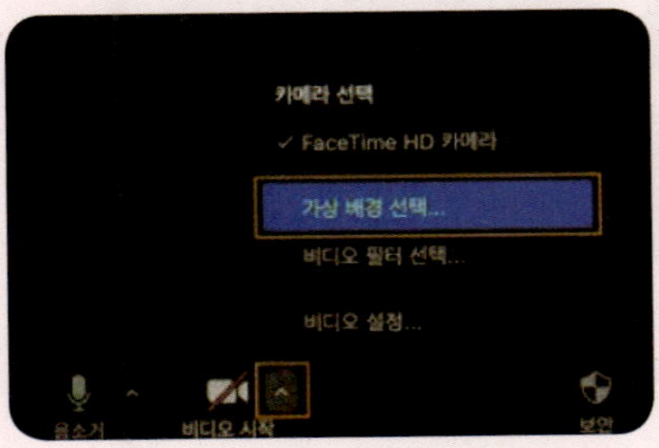

TIP 유사한 다른 앱

오버클립: 배경 지우개 효과를 이용하여 크로마키 배경 천이 없어도 배경을 바꿔 가면서 영상을 촬영하여 만들 수 있어요.
키네마스터: 영상 편집을 손쉽게 하면서 배경을 없애서 크로마키 효과처럼 할 수 있어요.

자. "바닷속이나 우주를 보고 싶어요"

유튜브 360 VR 콘텐츠 - 유튜브에서 360도 VR 콘텐츠를 검색하면 다양한 풍경이 나오는데, 본래 가상현실을 위해 머리에 장착하는 HMD(Head-Mounted Display)를 착용하고 봐야 하지만 유아는 HMD 착용이 연령에 부적합하니 360도 영상만 시청하도록 합니다.

차. "느리게 빠르게 돌려보아요"

타임랩스, 슬로우모션 - 스마트폰 카메라 기능 중 파노라마, 타임랩스, 슬로우모션 기능을 선택하여 이미지를 빠르게도 느리게도 다양한 속도로 돌려 볼 수 있습니다.

카. “지구를 여행하고 싶어요”

구글어스(Google Earth) – 전세계 유적지나 일반 지역도 모두 방문하여 360도로 돌려 보며 간접 경험할 수 있는 플랫폼으로 하늘에서 내려다보는 이미지와 거리로 내려가서 입체적인 3D로 돌아보는 거리뷰까지 지원합니다.

타. “우리의 QR코드를 만들고 싶어요”

네이버 QR코드 – 유아가 원하는 내용의 글, 이미지, 사진, 사이트 링크 등을 모두 넣어서 자신만의 QR코드를 만들 수 있습니다.

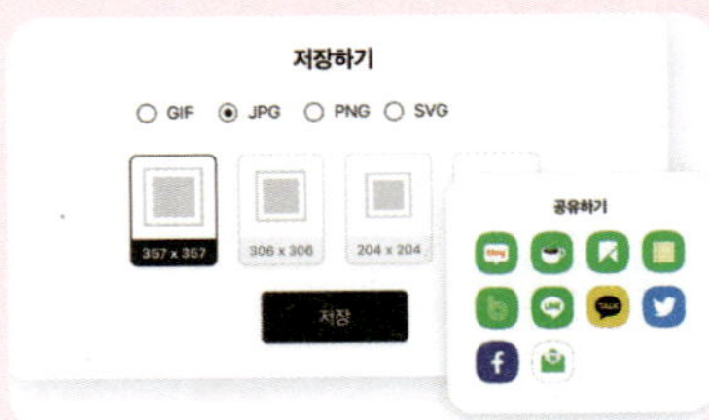

파. “소리를 탐색해보고 싶어요”

구글실험실 - 구글실험실에는 다양한 AI 플랫폼이 있는데 그 중 음악이나 소리를 탐색하는 플랫폼으로는 구글크롬뮤직랩, 칸딘스키 등이 있고, 그 외에 VR 소리미술관, 씨잉뮤직(Seeing-music), 구글두들(두들 바흐, 두들 베토벤) 등도 있습니다.

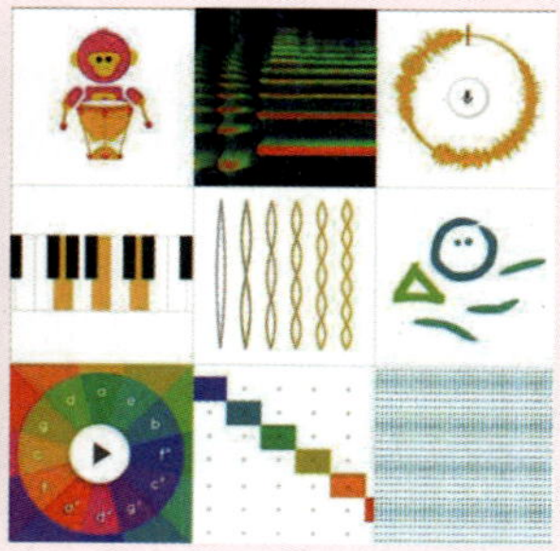

하. “인공지능에게 알려주고 싶어요”

티처블머신 - 인공지능에게 기계학습을 시켜볼 수 있는 프로그램으로 유아들과 함께 인공지능에게 행복한 표정과 슬픈 표정을 알려주거나 그림책과 색연필을 알려주는 등 다양한 주제로 기계학습을 경험할 수 있습니다.

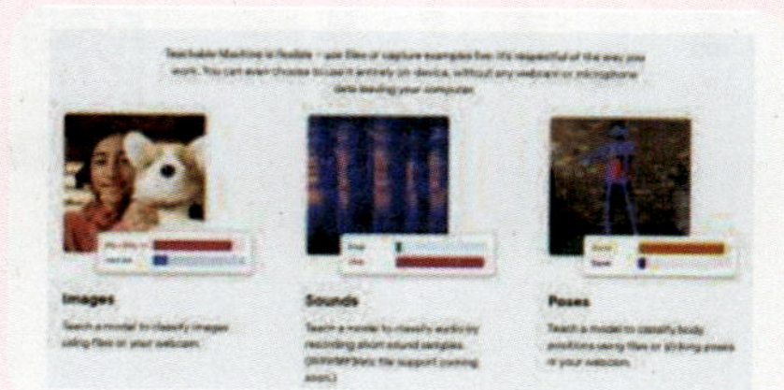

Q 유아 디지털 교육은 어떻게 해야 하나요?

먼저! 디지털 시민성 교육부터

- 유아에게 디지털 기기를 내어주기 전에 먼저 디지털 조절능력을 포함한 디지털 시민성 교육이 필요함. 디지털 시민성은 디지털을 활용하면서도 수시로 이루어질 수 있으나 기본적인 디지털 조절력과 디지털 안전에 관해 이야기 나누기를 통해 알려줄 필요가 있음.
- 특히 디지털 조절력은 유아가 디지털 기기를 켜는 방법과 끄는 방법을 알 수 있도록 하면서 약속된 시간이 되면 유아 스스로 디지털 기기를 끌 수 있도록 함. 유아가 스스로 끌 때 '조절하는 멋진 어린이'라고 칭찬하며 가정에서도 할 수 있는 올바른 디지털 사용 태도를 형성시킴.
- 그 외의 디지털 시민성 즉, 네티켓, 디지털 발자국, 디지털 안전, 반편견에 대한 내용은 디지털 기기를 직접 활용하면서도 연결하여 수시로 함께 다룬다면 유아의 이해를 도울 수 있음.

유아의 생각이 디지털 교육의 중심

- 유아가 디지털을 활용할 때 디지털 위주보다는 유아의 생각과 놀이가 중심이 되어야 함.
- 유아 주도적인 놀이가 진행되는 중에 유아가 구현하고 싶은 상상과 욕구를 채워줄 수 있는 도구로 디지털을 활용하는 것으로, 유아가 디지털을 활용한다는 자체나 디지털 활용으로 얻어진 결과보다는 유아의 생각이 살아있는 놀이가 중심이 되고 그 놀이가 펼쳐지는 과정이 중요함.
- 유아의 생각이 중심이 되는 긴 호흡의 아날로그 놀이 중 일부가 디지털 놀이여도 충분히 가치 있고 바람직함. 즉 유아의 놀이와 아이디어, 유아의 상상과 생각, 디지털을 통한 놀이의 확장과 새로운 생각의 심화가 디지털 활용 자체보다 중요함.

디지털을 매개로 한 긍정적 상호작용

- 유아가 디지털 기기를 이용할 때 고립된 공간에서 혼자 사용하지 않고, 디지털 기기를 매개로 교사 또는 또래와 함께 '상호작용'하는 것이 중요함.
- '디지털'과 '상호작용'은 바늘과 실처럼 함께 이루어져야 함. 유아 디지털 교육은 디지털 테크놀로지가 유아를 사회적으로 고립시킬 것이라는 염려 없이 활발하고 긍정적인 상호작용이 필요함.
- 유아는 디지털을 이용하여 자신의 생각과 느낌을 긍정적으로 표현하는 경험을 가지며, 교사 또는 또래와 함께 디지털을 이용하여 텃밭 프로젝트를 기록하거나 유아들이 창작한 동화를 만드는 과정에서 이야기 나누기, 자료 검색 및 선정, 분석, 재창조를 경험하며 또래와 함께 생각을 공유하고 발전시키면서 합의점을 찾아가는 긍정적 상호작용의 경험을 할 수 있음.
- 이를 통해 유아는 디지털에 대해 긍정적인 인식과 가치관을 지닐 수 있으며 디지털을 긍정적으로 활용하는 경험은 향후 디지털 시민으로 성장하는데 필요한 태도와 가치를 심어줄 수 있음.
- 유아가 태블릿PC를 이용하여 디지털 놀이를 하고 있다면 교사는 화면미러링을 통해 큰 화면으로 보면서 유아의 놀이를 지속적으로 관찰하는 것이 필요함. 적절한 개입이 필요한 순간을 놓치지 않고 놀이를 지원해줄 수 있으며, 유아가 연령에 적합하지 않은 콘텐츠에 노출되는 것을 점검하고 예방할 수 있음.
- 유아는 디지털 놀이를 통해 자연스럽게 디지털을 접하며 긍정적 놀이 경험을 가질 수 있으나, 디지털의 본래 기능인 정보 검색과 일상생활에서의 편리한 활용에 대한 경험도 할 수 있도록 날씨나 미세먼지 검색, 원하는 동요 검색 등의 정보 검색 및 활용의 경험도 지원해야 함.
- 평소 소극적이고 조용했던 유아 중 디지털 기기를 잘 활용하는 유아는 또래를 도와주면서 긍정적인 자아상을 형성하고 학급에 소속감을 경험하며 다른 영역에서의 참여와 활동도 함께 증가하는 것을 볼 수 있음(Lim, 2012).

디지털을 활용한 협업의 촉진

- 바람직한 디지털 기술의 활용은 경쟁이 아닌 협력을 촉진하는 특징을 가짐. 따라서 교사가 교육적으로 바람직한 디지털 콘텐츠 또는 애플리케이션을 선정할 때 해당 프로그램이 유아로 하여금 경쟁하게 할지, 협력하게 할지를 고려하여 선정할 수 있음. 예를 들어 순위를 정하는 경쟁적 게임의 형태는 교육적으로 바람직하지 않으며, 크로마키를 이용하여 함께 동극을 기록하거나 그림판으로 함께 설계도를 그린 후 쌓기놀이 영역에서 블록을 이용해 구조물을 만드는 등 협력하고 상호 의견을 공유 및 조율하는 방법으로 놀이할 수 있는 콘텐츠는 교육적으로 가치 있음.
- 최근의 디지털 기기는 유아들 간의 상호작용이 이루어지는 방식으로 개발되고 있어서 유아의 사회적 놀이 중 연합놀이 양상이 자연스럽게 관찰됨. 또한 스톱모션 동화의 창작이나 크로마키를 이용한 일기예보 뉴스의 제작과 같은 놀이 중 유아들이 서로 다른 역할을 부여하는 협동놀이로 발달할 수 있음.
- 디지털을 활용한 협력의 경험은 유아가 다른 사람과 함께 더불어 살아가는데 필요한 사회적 기술을 키울 수 있도록 하며, 협력하여 완성한 결과물을 주변에 공유하면서 긍정적인 영향력과 참여, 공헌의 경험을 제공함.

주도적으로 탐색하는 팅커링(tinkering)

- 'Tinker'란 '뚝딱뚝딱 땜질을 하다'라는 뜻으로 유아에게 디지털 기기를 줄 때 교사가 사용방법을 미리 알려주기보다는 유아 스스로 탐색하며 자연스럽게 알아가며 놀이하도록 하는 것임.
- 유아는 팅커링 과정에서 실수로 사진을 지우게 되기도 하고 바탕화면에 원하지 않는 아이콘이 생성되기도 함. 이는 자연스러운 현상이니 허용하고 지워진 사진을 다시 찾아서 복원하거나 생성된 아이콘을 다시 삭제하는 등 해결하는 것을 경험하도록 하여 실수해도 괜찮으며 충분히 시도해보고 탐색하는 것의 중요성을 느끼도록 해야 함.

- 유아가 팅커링 할 때 교사가 의도했던 것과 다를 수 있으나 조기에 개입하기보다는 유아가 충분히 탐색할 수 있는 시간을 기다려주는 것이 필요함. 예를 들어 교사는 유아가 낙서하는 대로 음악이 만들어지는 것을 경험하게 하고자 '칸딘스키'를 내어줄 수 있는데 유아는 화면을 여러 그림으로 채우는 것만 관심을 갖고 화면 전체를 가득 색칠해버릴 수 있음. 그림에 공백도 있어야 음악이 만들어지는데 음악이 전혀 만들어지지 않는 상황이 되지만 그대로 유아들이 충분히 화면을 채우도록 허용하면 '선생님! 이제 다 지워 주세요'라고 요구할 때가 오며 이때부터 교사가 의도했던 유의미한 탐색이 시작될 수 있음. 때로는 교사의 처음 의도와 달리 놀이가 진행되더라도 있는 그대로를 인정하며 기다려줄 필요가 있음.
- 유아는 디지털 네이티브이므로 디지털 기기를 자유롭게 탐색하는 팅커링 과정을 통해 기기 사용매뉴얼에도 없던 방식으로 놀이하기도 함. 유아는 놀이를 통해 다양한 탐색과 배움을 갖는 유능한 존재임을 인정하고 충분한 탐색 시간을 확보해주는 것이 중요함.

더 나은 방법을 찾아가는 디버깅(debugging)

- '디버깅'이란 '버그를 없앤다'는 뜻으로 컴퓨터 프로그래밍을 하다가 오류가 발생했을 때 이를 수정해서 프로그램이 정상적으로 잘 구동되도록 하는 것을 말함.
- 초등 이상의 디지털 교육에서 디버깅은 실제로 코딩한 컴퓨터 프로그램을 구동시켜본 후 오류가 발생한 곳을 수정하여 제대로 코딩을 완성하는 과정을 의미함.
- 유아 디지털 교육은 코딩을 이용해서 컴퓨터 프로그램을 만들지 않으므로 유아 수준에서 아날로그적으로 디버깅을 할 수 있음. 예를 들어 AI 듀엣(AI Duet)을 이용해서 디지털 놀이를 한 후 "놀이를 하면서 불편했던 게 있니?", "이렇게 되면 더 좋겠어요 하는 게 있니?"라고 발문하여 프로그램을 있는 그대로 받아들이는 수동적인 태도가 아니라 문제점을 발견하고 이를 더 나은 방향으로 개선할 수 있는 혁신적 사고를 할 수 있도록 안내하는 방식으로 언플러그드 디버깅을 할 수 있음.

- 또한 유아가 디지털 기기를 이용하여 놀이하던 중, 자신의 아이디어를 디지털로 구현해내기 위해 종전 방식을 수정해보거나, 생각했던 대로 작동되지 않는 문제를 해결하는 과정에서 메뉴얼에도 없던 기발한 방법을 발견해 내고 새롭게 적용해보면서 플러그드의 디버깅을 할 수 있음.

디지털과 소통하기 위한 인터페이스 이해하기

- 유아가 디지털과 소통하려면 디지털의 얼굴이라고 할 수 있는 인터페이스를 보면서 사용하게 됨. 디지털은 내부의 컴퓨터 프로그램이 구동되면서 외부로는 인간이 사용하면서 접하게 되는 화면 즉 인간이 이해하고 사용하기 편리한 사용자 중심의 인터페이스를 가짐. 유아가 디지털을 이용하기 위해서는 디지털이 가진 인터페이스의 의미를 이해할 필요가 있음.
- 유아가 알아야 할 인터페이스로는 마우스 커서 또는 터치스크린의 화살표, 아이콘이나 버튼의 활성화와 비활성화 표시(주로 진하기 변화 등으로 표현됨), 인공지능 스피커의 삑 소리(지금부터 너의 이야기를 들을게, 말해 봐!라는 의미) 등을 이해하는 것임.
- 유아가 인터페이스를 이해할 수 있도록 도울 수 있는 교사의 발문으로는 "디지털이 우리와 놀이할 준비가 된 것을 어떻게 알 수 있을까?", "우리가 움직일 수 있다는 걸 어떻게 알 수 있니?", "인공지능 스피커에게 말할 때 뭐라고 불러야 하니?", "인공지능이 어떤 소리를 내고 나서 말해야 하니?" 등 상호작용하기 위한 서로의 암시인 인터페이스를 인지하도록 함.
- 최근 '실감형 사용자 인터페이스(TUI: Tangible User Interface)'는 유아가 현실에서 쉽게 경험하기 어려운 공룡 시대, 바닷속 풍경, 우주 등을 직접 경험에 가까운 간접 경험으로 제공함.
- 초기 문해력(early literacy)에서 유아에게 음절과 단어의 차이를 구별하는 방법을 물어보면 유아들이 음절마다 공간(space)이 있다거나 단어는 음절들이 서로 붙어있고 서로 다른 단어는 공간이 있어서 서로 떨어져 있다는 것을 이해하며 읽

기나 쓰기는 왼쪽에서 오른쪽으로 이루어진다는 것을 아는 것이 포함됨.

- 마찬가지로 초기 디지털 리터러시(early digital literacy)는 유아가 인터페이스의 의미를 이해하고 유아의 생각과 느낌을 문자, 그림, 사진과 이미지, 이모지와 동영상 등 멀티모달(multimodal)의 방식을 이용하여 긍정적으로 표현해보는 경험을 갖는 것임.
- 초기 디지털 리터러시 중 '공유된 쓰기 경험(shared writing experience)'을 지원할 수 있음. 예를 들어 유아와 이야기 나누기할 때 유아가 말하는 것을 그대로 받아 적을 수도 있지만 그림이나 그래프, 타임라인이나 그림 챠트, 표 등으로 표현하여 다양한 양식의 표현을 자연스럽게 보고 경험하도록 지원함.

디지털 놀이와 아날로그 놀이의 만남

- 유아는 디지털을 놀이로 다가가기 때문에 어렵고 배워야 하는 매체로서가 아닌 상상과 즐거움을 위한 놀잇감으로 만나는 것을 관찰할 수 있음. 유아에게 디지털 놀이와 아날로그 놀이는 별개의 구분 없이 유아의 놀이라는 큰 상상 가득한 흥겨운 축제 안에서 자유롭게 넘나드는 놀이의 다양성으로 다가옴.
- 유아가 디지털 놀이를 할 때 보이는 놀이 양상은 일반적인 아날로그 놀이에서 나타나는 놀이 양상과 유사함. 유아는 디지털 놀이에서도 다양한 사회적 상호작용과 탐색적 놀이 양상을 보임.
- 디지털 놀이와 아날로그 놀이를 경계 없이 넘나드는 놀이 속에서 유아의 상상과 생각이 중심이 되어야 함. 교사는 유아가 아날로그 놀이로 충분히 가능한 경험은 우선 아날로그 놀이 가능성을 먼저 고려하되 아날로그 놀이에서 불가능한 놀이 상황은 디지털 놀이를 통해 구현할 수 있도록 지원함.
- 유아가 일상적으로 하는 주말 지낸 이야기는 아날로그 방식으로 이루어져 왔으나 가정연계를 통해 주말 지낸 이야기와 관련된 디지털 사진 등을 패들렛에 미리 공유하도록 하고 해당 유아가 나와서 이야기하도록 활용할 수 있음. 여러 친구 앞에서 발표하기 어려워하는 유아도 사진이나 그림 등 자료가 있으면 쉽게

발표할 수 있음.

- 유아의 아날로그 놀이 작품을 찍어서 보존하거나 공유하기 위해 디지털 카메라를 이용할 수 있음. 쌓기놀이 영역에서 친구들과 공들여 만든 구조물을 정리시간에 치우기 어려워하는 유아들은 디지털 카메라로 해당 장면을 찍어 보존하고 전시할 수 있음.

언플러그드 놀이

- 언플러그드 놀이란 컴퓨터를 사용하지 않고 종이와 연필, 주변에서 볼 수 있는 사물을 이용하여 손과 몸으로 하는 놀이를 말함.
- 언플러그드 놀이는 컴퓨터과학(computer science)의 개념이나 원리, 알고리즘(algorithm)을 이해할 수 있고 컴퓨팅 사고력(computational thinking)을 기를 수 있는 놀이임.
- 언플러그드 놀이는 뉴질랜드 캔터베리 대학의 팀 벨(Tim Bell) 교수가 만든 언플러그드 교육용 자료(http://CSunplugged.org)와 한국의 '소프트웨어야, 놀자! 사이트(http://www.playsw.or.kr/repo/cs.unplugged)'에 있는 영상자료를 참고할 수 있음.
- 언플러그드 놀이에 대해 잘못 알고 있는 경우, 컴퓨터 프로그램을 코딩하기 전에 코딩의 단계나 순서를 종이에 손이나 몸으로 해보는 것이 언플러그드 놀이라고 오해하는 경향이 있는데, 이는 진정한 의미에서 언플러그드 놀이가 아님.

〈표 2〉 언플러그드 놀이의 특징(정영식 외, 2019)

기회성	아직 컴퓨터를 이용하여 프로그램을 개발하지 못하는 유아들에게 컴퓨터과학의 원리를 가르칠 수 있는 기회를 제공함
수단성	언플러그드 놀이나 활동 자체가 목적이라기보다는 컴퓨팅 사고력을 기르기 위해 사용되는 도구적 방법임
협력성	유아의 개별놀이도 중요하지만 대체로 협력활동을 통해 유아대 유아, 유아대 또래집단 간의 아이디어 교환에 중점을 둠
도전성	적절한 수준의 문제상황을 설정하여 유아로 하여금 개별 또는 또래와의 협력과 의사소통을 바탕으로 문제를 해결해나가도록 촉진함
유연성	특별한 디지털 기기 없이도 주변에서 쉽게 구할 수 있는 것을 이용하되 원래의 목적과 달리 변형하거나 융통성 있게 활용할 수 있음

• 언플러그드 놀이의 유형은 다음의 〈표 3〉과 같음(교육부, 2016).

〈표 3〉 언플러그드 놀이의 유형

유형	내용	예시
이야기 기반	컴퓨터과학의 개념이나 원리를 스토리텔링으로 쉽게 풀어가는 방식	의미망 그리기(표상)
신체활동 기반	컴퓨터과학의 개념이나 원리를 신체를 움직이며 이해하는 방식	명령어대로 움직이기
도구 기반	컴퓨터과학의 개념이나 원리를 다양한 도구(카드, 스티커, 자석, 바둑돌 등)을 활용하여 게임이나 놀이를 통해 이해하는 방식	구슬 패턴 만들기, 픽셀아트 그리기
학습지 기반	컴퓨터과학의 개념이나 원리를 학습지를 풀면서 이해하는 방식	암호 풀기

컴퓨팅 사고력(CT: Computational Thinking)

• 컴퓨팅 사고력이란 미국 MIT의 새뮤얼 페퍼트(S. Papert) 교수가 1980년 출간한 저서 "Mindstorm"에서 사용한 절차적 사고를 기반으로 2006년 미국 카네기멜론

대학의 윙(Wing) 교수가 재조명하면서 교육현장에 적용됨. 컴퓨팅 사고력이란 문제를 인식하고 해결책을 만들기 위해 컴퓨팅 시스템으로 하여금 효과적으로 과제를 수행하도록 만드는 데 필요한 사고과정임(Wing, 2010).

- 컴퓨팅 사고력이란 문제해결 과정에서 일어나는 생각을 말하며, 복잡한 문제를 보다 작게 쪼개는 분해(decomposition), 특정한 예시들로부터 일반성을 찾아 단순화하는 추상화(abstraction), 유사한 것을 묶거나 반복되는 규칙을 찾아내는 패턴 인식(pattern recognition), 문제해결에 필요한 단계적 해결방안을 생각해내는 알고리즘(algorithm), 오류를 찾아 수정하는 디버깅(debugging)을 포함함.
- 글자를 읽는다고 책의 내용을 이해할 수 있는 것이 아닌 것처럼, 유아가 디지털 테크놀로지를 사용한다고 해서 컴퓨팅 사고력이 길러지는 것은 아님.
- 컴퓨팅 사고력은 새로운 것이 아니라 유아가 요리나 미술활동을 하면서 순서도를 이해하고 설명할 수 있는 것, 반복되는 패턴을 인식하는 것 등 유치원 교실에서 문제해결을 위해 항상 적용해오던 것이 모두 컴퓨팅 사고력을 키우는 방법임.

[그림 4] 컴퓨팅 사고력의 구성요소

출처: https://www.barefootcas.org.uk

- 과거의 코딩교육은 코딩하는 방법을 가르쳐주는 문해력(literacy)을 중심으로 이루어졌으나 최근 유아교육에서의 코딩교육은 유아의 컴퓨팅 사고력, 고차원적 사고능력, 문제해결력 등 인지능력의 향상을 위한 접근방식을 강조함. 즉 블록 방식의 엔트리 등 사용자 친화적 인터페이스를 가진 단순한 형태의 코딩은 컴퓨팅 사고력 없이도 기계적으로 프로그래밍할 수 있기 때문에 유아교육에서는 지양하는 것이 바람직함(Neumann & Dion, 2021).
- 로봇을 활용한 코딩교육의 경우에는 정해진 구조적 놀이방식으로 설계된 로봇보다 비구조적인 놀잇감으로서의 특징을 가진 오조봇을 활용할 수 있으며 비봇의 경우에는 비봇이 움직이는 경로를 창의적으로 만들거나 비봇이 수행해야 하는 과제를 창의적으로 설정하는 등 비구조적으로 변형하여 놀이하는 방향으로 활용하는 것이 적합함.

4. 유아 디지털 교육은 어떻게 평가해야 하나요?

유아와 함께하는 형성평가(Formative Assessment)

- 유아 디지털 교육은 유아 · 놀이중심 교육과정의 관찰 및 기록을 통한 유아 평가에 포함되어 이루어질 수 있음.
- 유아가 디지털 놀이를 한 기록은 주기적으로 유아와 함께 재방문하면서 유아가 평가에 참여할 수 있도록 하고 향후 놀이에 대한 계획을 함께 세우며 유아 주도적인 평가와 놀이 계획이 이루어지는 형성평가로 운영해야 함.
- 최근 인공지능 기술을 활용한 놀이 관찰 및 기록은 놀이사진을 포함하는 경우가 많고 주요 키워드를 인공지능이 자동적으로 그림으로 변환하는 기술을 통해 유아도 쉽게 관찰기록 내용의 의미를 이해할 수 있어 자신의 놀이에 대한 기록을 보면서 교사와 함께 스스로의 형성평가에 참여할 수 있음.

교육과정에 대한 평가

- 유아 디지털 교육은 유아의 놀이에 대한 관찰 및 기록을 기반으로 교육과정에 초기 디지털 리터러시(이해, 활용, 소통, 참여)와 디지털 시민성(디지털 조절력, 디지털 발자국, 디지털 안전, 저작권과 라이선스, 반편견)의 각 요소들이 균형 있게 다루어지고 있는지 평가함.
- 교육과정에 대한 평가 결과를 기반으로 부족한 요소에 대한 향후 교육과정 계획에 반영하며 이는 교수계획 및 실행, 가정연계 및 지역사회와의 연계 등을 고려하여 균형 있게 이루어지도록 지속적으로 평가하고 보완할 수 있음.

Ⅲ. 놀이로 여는 유아 디지털 교육의 실제

1. 먼저, 디지털 시민성 기르기!

유치원 현장에 디지털 활용이 시작된 것은, 디지털 교육의 필요성에 의해 체계적으로 실시되었다기보다 코로나 팬데믹으로 인한 원격수업과 이를 위한 디지털 콘텐츠의 필요에 의해서 였고, 물 밀듯 쓸려 들어와 교육 현장을 급격하게 변화시켰습니다. 그렇기에 디지털 플랫폼과 기기의 올바른 사용 및 교육적 가치에 대한 고민보다는 활용이 먼저 이루어졌고, 우리 유아들은 그보다 더 먼저 일상생활에서 디지털 기기와 플랫폼 등을 접하며 사용하고 있었습니다.

따라서 유아가 미래사회의 성숙한 디지털 시민으로 성장하기 위해서는 디지털의 이로움과 위험성을 알고, 놀이 · 일상생활 · 활동의 과정에서 디지털 미디어를 주도적으로 사용하며, 디지털 사회에 안전하고 건강하게 참여하여 소통할 수 있는 디지털 시민성 교육이 꼭 필요한 때입니다.

학급정보

– 연령: 5세
– 인원: 19명(남아 9명, 여아 10명)
– 유아 배경: 다양한 디지털 기기, 플랫폼을 활용한 놀이 경험이 풍부함

누리과정 관련 요소

- 디지털 기기를 바르게 사용하는 방법을 알고 놀이 속에서 다양하게 활용함
- 디지털 세상에 대해 알고 안전하게 디지털을 이용함

- 디지털 시민성과 관련된 약속과 규칙의 필요성에 대한 자신의 생각을 이야기함
- 디지털 공간에서 의사소통하고, 선한 사용자로 참여함

- 디지털 기기를 통해 주변 세계와 자연에 대해 지속적으로 호기심을 가지고 주도적으로 탐색함
- 궁금한 것을 탐구하는 과정에 즐겁게 참여함

- 디지털 활용 약속과 규칙의 필요성을 알고 지킴
- 내가 살고 있는 곳에 대해 궁금한 것을 디지털을 활용하여 알아보는 경험을 함

- 디지털 공간에서 자신의 느낌, 생각, 경험을 다양한 형태로 표현하는 경험을 함
- 디지털 공간에서 서로의 생각을 공유하고 친구의 의견을 존중하는 경험을 가짐

놀이 전개 흐름

① 디지털이란 무엇일까?
(with 태블릿PC,
스마트폰)

② 디지털을 사용할 때
허락 먼저 구하기
(with 클로바 노트,
스마트폰 갤러리)

③ 함께 지키는
디지털 사용 약속
(with 태블릿PC,
스마트폰)

④ 커먼센스 교육
영상 사용 허락 구하기
(with 스마트 렌즈,
구글 번역기)

⑤ 초기 디지털
리터러시 활동
(with 캔바,
클로바 더빙)

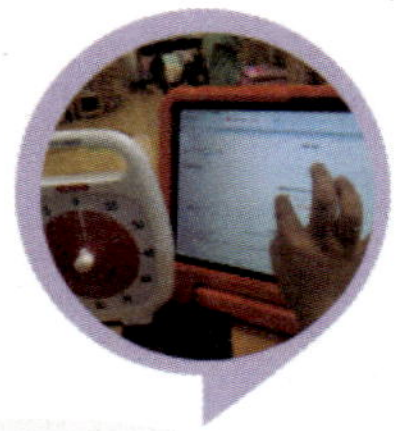

⑥ 디지털 시민성 기르기
캠페인
(with 브루,
애니메이티드 드로잉)

생각해 보아요.

부모마다 유아기 자녀의 디지털 교육에 대한 생각이나 가치관, 철학이 다릅니다. 유아기에 디지털을 일찍 접하면서 디지털 소양을 길러야 한다고 생각하는 부모부터 유아는 아직 디지털보다 손을 움직이며 직접 경험을 해야 하므로 디지털 교육은 불필요하다는 신념을 가진 부모까지 정말 다양합니다. 따라서 유아교사는 가정의 디지털 교육에 대한 인식과 신념을 알고 적절한 타협점을 찾아 유아의 디지털 교육을 시도하는 것이 중요합니다. 이에 가정에서 유아의 디지털 사용현황 및 유치원에서의 디지털 교육에 대한 부모 인식 조사를 실시하고 이를 반영한 교육계획을 수립해야 겠다고 생각하게 되었습니다.

가. 디지털 시민성 교육의 필요성

유아기 디지털 활용 여부를 논하기에는 너무나 깊숙이 디지털이 생활에 들어와 있으며, 디지털 네이티브인 유아는 이미 디지털 활용에 있어 아날로그 세대보다 유능함을 보입니다.

지금까지 우리는 교실에서 원격수업과 콘텐츠 만들기를 시작으로, 놀이중심 교육과정과 유아의 발달 수준에 적합한 디지털 놀이를 어떻게 실행할 것인지에 보다 중점을 두고 수업을 전개해 왔습니다. 그러다 보니 유아기 미디어 과의존이나 과도한 스크린 타임, 디지털 기기로 게임에만 치중하는 경향을 보일 때면 자기 조절력과 인터넷 사용 안전, 예절 등 기본적인 에티켓 이야기가 먼저 실행되었어야 한다는 생각이 들었습니다. 그래서 아이들은 디지털을 어떻게 생각하고 있는지 부터 알아보았습니다.

스마트폰으로 무엇을 할 수 있을까?

날씨 봐요. 미세먼지 같은 거.

카톡도 할 수 있어요. 엄마는 카톡해요.

엄마가 체험신청 같은 거 해 주세요.

물건 주문해요. 택배로 오게.

너희들은 스마트폰으로 무엇을 하니?

유튜브 봐요! 게임도 해요. 게임!

나도 나도.

그럼 유튜브나 게임을 집에서 얼마만큼 하니?

엄마가 '밥 먹어라'할 때까지 해요.

내가 게임을 깨면 그만하고, 못 깨면 슬퍼서 계속 울어가지고, 엄마가 깰 때까지 하게 해 줬어요.

아빠가 그만하라고 하면 그만 해요. 근데 더 하고 싶으면 더 해도 돼요!

시계가 '띠디디' 울릴 때까지 해요. 타이머!

그럼 얼마만큼 할지는 누가 정하니?

아빠, 엄마가 정해요.

유아들과의 대화에서 보면, 유아들은 이미 가정에서 디지털 기기인 스마트폰을 다양하게 사용해 본 경험이 있습니다. 그러나 사용 시간이나 방법, 사용하는 콘텐츠 등에 대한 관리와 지도가 부족하며, 사전 약속이나 조절에 대한 이야기가 대부분 없었음을 알 수 있고, 보호자와 함께 유아가 주도적으로 시간을 정하기보다, 부모가 정한 시간만큼 하거나 제한 없이 사용하는 것도 알 수 있습니다.

유아기는 디지털 시민으로서의 올바른 가치관을 형성해야 하는 때입니다. 이제는 교실에서 유아 생활 전반에 사용되고 있는 디지털의 바른 활용을 위해 '디지털 시민성 교육'을 함께 실시해 보기로 해요.

교사의 고민

'디지털 네이티브'라는 우리 반 아이들, 디지털 시민으로서 안전하고 유용하게 디지털을 활용하려면 어떻게 해야 할까?
가정에서는 아이들이 스마트폰으로 게임을 주로 하는 것 같은데, 사용 약속도 잘 지켜지지 않고... 부모교육을 어떻게 해야 할까?

1) 디지털 활용 실태: 유치원 vs 가정

유치원	vs	가정
• 놀이 주제에 맞는 교사 제시 플랫폼 등을 활용하는 놀이 • 디지털 기기를 다른 유아와 함께 사용 • 또래와의 신체활동 등, 디지털 놀이 보다 더 흥미 있어 하는 놀이가 많음 • 주로 놀이를 확장하는 도구로 사용		• 유튜브, 인스타그램 등 영상 시청 위주 • 보호자의 집안일이나 휴식을 위해 상호작용 없이 사용되는 경우가 많음 • 가정 내 사용 약속을 정해 지도하나 상황에 따라 약속이 실천되기 어렵기도 함

2) 부모 설문조사

현재 유아교육 기관에서의 디지털 활용은 교사의 지도하에 보다 교육적이며 계획적으로 이루어지고 있습니다. 또래 간 상호작용이 충분히 이루어지면서 디지털 활용에서 걱정스러웠던 사회성 발달이 오히려 디지털 기기를 매개로 더욱 활발하게 이루어지기도 합니다. 또한 유치원에서는 즐겁게 놀이할 또래가 있기 때문에 교구나 또래와 함께하는 신체적인 아날로그 놀이에 더 흥미를 느끼고 놀이합니다.

유아의 디지털 기기나 플랫폼 사용에서 어려움이나 걱정을 느끼는 것은 기관보다 가정에서 두드러지게 나타납니다. 양육자가 집안일을 하거나 휴식이 필요할 때 유아에게 스마트폰을 보게 하는 경우가 많아 가정에서 양육자가 함께 스마트폰을 보지 못하는 상황에 놓이게 되므로 지도 관리가 필요한 실정입니다. 이에 가정에서도 유아와 함께 디지털 사용 약속을 정하고 유아 스스로 조절할 수 있는 조절력을 기르며 올바르고 안전하게 사용하도록 초기 디지털 리터러시를 경험하게 하는 부모교육이 필요하다고 생각되어 부모 대상 설문조사[1]를 실시하게 되었습니다.

자녀의 디지털 사용과 교육에 대한 부모 인식 조사

B I U

안녕하십니까?

최근 유아가 가정이나 사회에서 디지털 기기를 접하는 빈도가 증가하면서 유치원에서도 유아를 위한 디지털 교육에 대해 적지 않은 고민과 생각을 하게 됩니다. 이에 부모를 대상으로 가정에서의 유아 디지털 사용 및 유치원에서의 유아 디지털 교육에 대한 부모의 인식을 파악하여 유아를 위한 디지털 교육 지원 방안을 모색하고자 합니다.

조사 결과는 유치원에서의 디지털 교육 계획 수립에 참고자료로 사용될 예정이며, 응답하신 정보는 통계법 제33조(비밀의 보호)*에 의해 철저히 보호되오니 각 항목을 빠짐없이 정확히 기재하여 주시면 감사하겠습니다.

1) 배윤진 외(2023) 연구의 학부모 대상 설문지를 기반으로 수정함.

*통계법 제33조(비밀의 보호)

① 통계의 작성과정에서 알려진 사항으로서 개인이나 법인 또는 단체 등의 비밀에 속하는 사항은 보호되어야 한다.

② 통계의 작성을 위하여 수집 된 개인이나 법인 또는 단체 등의 비밀에 속하는 자료는 통계작성 외의 목적으로 사용되어서는 아니 된다.

▼ 설문 문항 및 응답

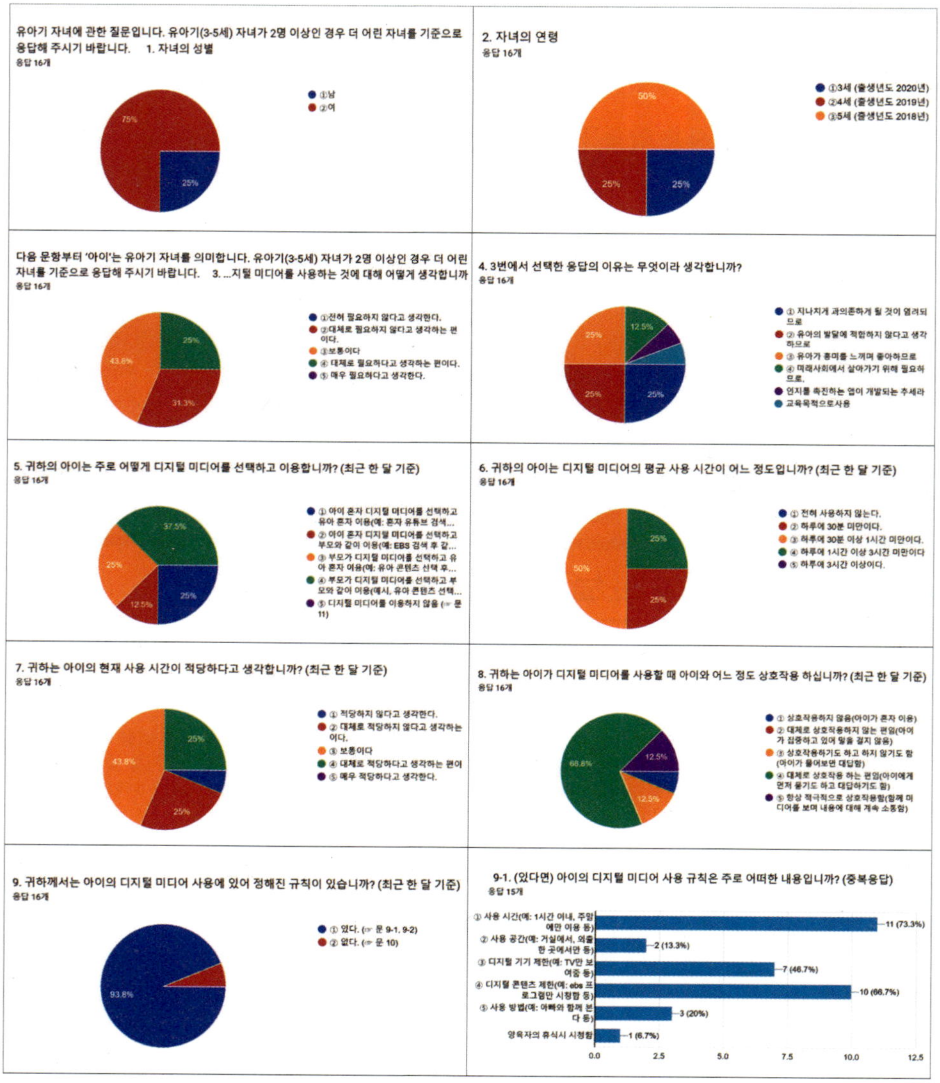

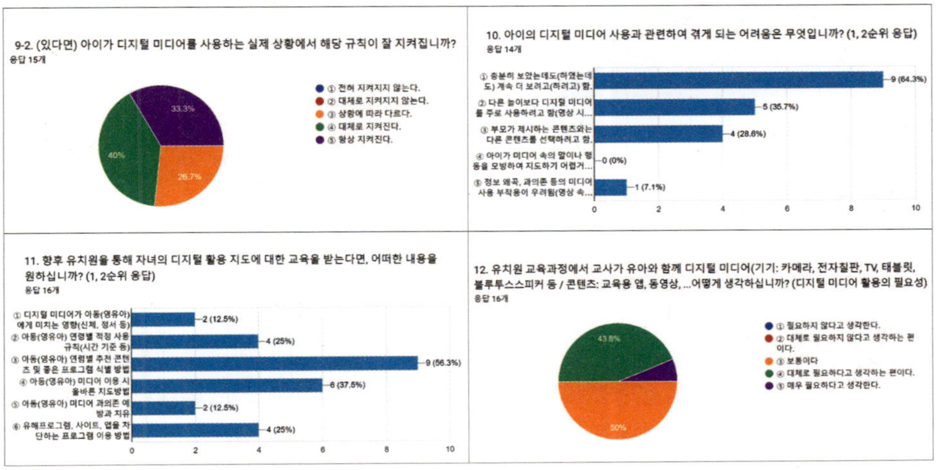

디지털 사용과 교육

▲ **부모 대상 설문 안내: 구글폼으로 제작한 설문지를 유치원 e-알리미로 안내**

구글 폼 설문지 링크: https://forms.gle/3Vbf5B9SgniM3RR79

구글폼 (Goole Forms)

구글폼은 온라인으로 다양한 질문 유형의 설문조사를 만들 수 있으며, 모든 기기에서 실시간으로 결과를 분석할 수 있습니다. 도식화된 응답 결과는 다양한 자료로 활용하기에 용이합니다.

부모 설문조사 결과, 부모는 미래사회를 살아갈 유아들에게 올바른 디지털 교육이 필요하다고 인식하고 있으나, 동시에 가정에서 미디어 사용 시간이나 사용 콘텐츠 관련하여 조절하기 어렵다는 응답이 많았습니다.

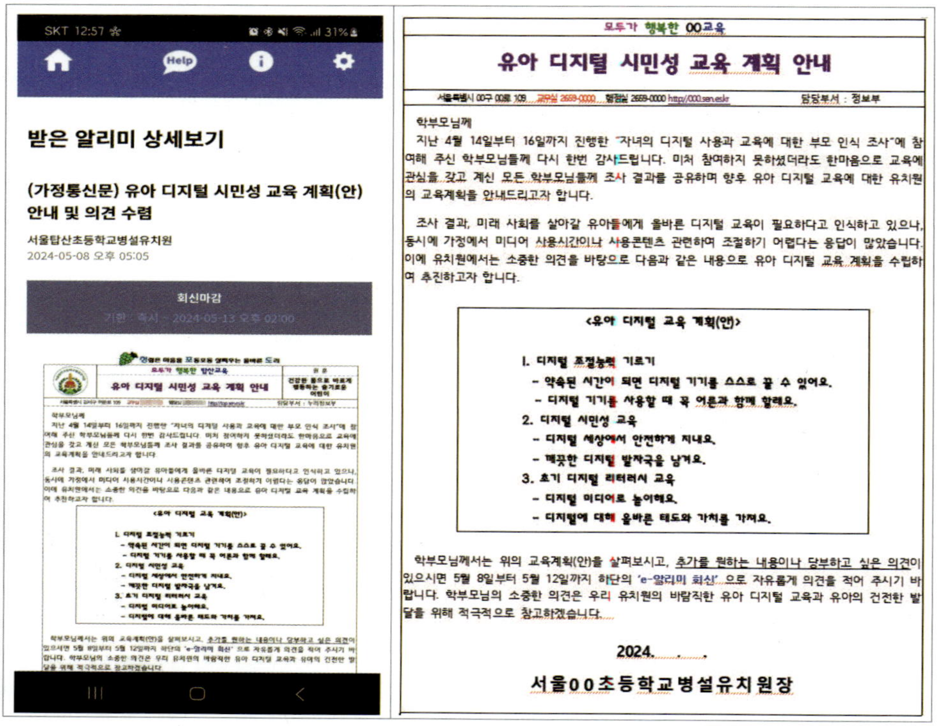

모두가 행복한 00교육

유아 디지털 시민성 교육 계획 안내

서울특별시 00구 00로 109 교무실 2659-0000 행정실 2659-0000 http://000.sen.es.kr 담당부서 : 정보부

학부모님께

지난 4월 14일부터 16일까지 진행한 "자녀의 디지털 사용과 교육에 대한 부모 인식 조사"에 참여해 주신 학부모님들께 다시 한번 감사드립니다. 미처 참여하지 못하셨더라도 한마음으로 교육에 관심을 갖고 계신 모든 학부모님들께 조사 결과를 공유하며 향후 유아 디지털 교육에 대한 유치원의 교육계획을 안내드리고자 합니다.

조사 결과, 미래 사회를 살아갈 유아들에게 올바른 디지털 교육이 필요하다고 인식하고 있으나, 동시에 가정에서 미디어 사용시간이나 사용콘텐츠 관련하여 조절하기 어렵다는 응답이 많았습니다. 이에 유치원에서는 소중한 의견을 바탕으로 다음과 같은 내용으로 유아 디지털 교육 계획을 수립하여 추진하고자 합니다.

<유아 디지털 교육 계획(안)>

1. 디지털 조절능력 기르기
   - 약속된 시간이 되면 디지털 기기를 스스로 끌 수 있어요.
   - 디지털 기기를 사용할 때 꼭 어른과 함께 할래요.
2. 디지털 시민성 교육
   - 디지털 세상에서 안전하게 지내요.
   - 깨끗한 디지털 발자국을 남겨요.
3. 초기 디지털 리터러시 교육
   - 디지털 미디어로 놀이해요.
   - 디지털에 대해 올바른 태도와 가치를 가져요.

학부모님께서는 위의 교육계획(안)을 살펴보시고, 추가를 원하는 내용이나 당부하고 싶은 의견이 있으시면 5월 8일부터 5월 12일까지 하단의 'e-알리미 회신' 으로 자유롭게 의견을 적어 주시기 바랍니다. 학부모님의 소중한 의견은 우리 유치원의 바람직한 유아 디지털 교육과 유아의 건전한 발달을 위해 적극적으로 참고하겠습니다.

2024. . .

서울00초등학교병설유치원장

부모들은 약속된 시간이 지나도 계속하려는 것이 가장 큰 어려움이라고 하였고 대부분은 지나친 사용에 대해 염려하지만 유아의 디지털 사용이나 유치원에서의 디지털 교육에 대해 완강하게 반대하기보다는 미래사회를 살아가기 위해 적절한 교육에 대한 요구가 있는 상황이라고 볼 수 있습니다.

지금까지의 과정을 정리하자면,

가) **부모 설문조사**: 자녀의 디지털 이용 및 유치원에서의 디지털 교육에 대한 인식을 조사하고,

나) **설문조사 결과 공유 및 소통**: 설문조사 결과를 공유하여 부모들과 소통하고, 염려나 의견이 있는 경우 소통의 창을 열어두고 의견을 일정기간 수렴한 후 그 의견수렴 내용에 따라

다) **교육계획 안내문 발송**: 향후 확정된 교육계획을 가정에 공유하고,

라) **디지털 시민성 교육 실시**: 유치원에서 디지털에 대한 유아의 생각 알아보기 → 디지털 시민성 교육 → 초기 디지털 리터러시 교육의 순으로 진행 계획을 수립하여 추진하였습니다.

3) 과정 자체가 경험이 되는 디지털 시민성 교육

유아에게 디지털 시민성 교육을 할 때 주입식이나 교사 주도식 강의로 규칙만 전달하지 않도록 시민으로서의 태도와 가치를 내면화하는 것이 중요했습니다. 이를 위해 디지털 시민성, 초기 디지털 리터러시를 경험하는 과정에서 디지털 조절력과 정보제공 동의, 안전과 예의 등을 지킬 수 있도록 유아가 주도적으로 의사결정을 하며 디지털 시민성 교육 자체가 가치를 경험하는 과정이 되도록 노력하였습니다.

녹음 동의 구하기

디지털 시민성 교육을 위한 연구 활동이 이루어짐을 유아들에게 알리고, 지금 하는 이야기를 녹음해도 되는지 동의를 구했습니다. 유아는 이러한 것이 무엇을 의미하는지 전혀 몰랐기 때문에 유치원 전화기의 녹음 안내 시스템에 대해서 소개하였습니다. 유치원에 전화하면 통화 내용이 녹음될 필요가 있을 때가 생길 수도 있어서 미리 전화 건 사람에게 녹음된다는 사실을 알려준다는 것을 이야기하였고, 교사의 스마트폰으로 직접 전화를 걸어 스피커폰으로 녹음 안내 멘트를 들려주었습니다.

사전에 고지한다는 것을 유치원 전화 안내 멘트로 알게 된 유아들은, 녹음을 허락하는 권한이 본인에게 있음을 매우 신기해하며 선생님과 유아 자신의 디지털 공부를 위해서 동의한다고 흔쾌히 허락해 주었습니다.

사진 촬영 동의 구하기

또한 사진도 찍을 수 있으니 사진 찍는 것과 연구 도서에 사진을 싣는 것을 동의하는지도 물어보았고, 유아들은 성인이 아니기 때문에 보호자인 부모님께도 또 물

어볼 것임을 알려주었습니다. 유아들은 다행히 모두 동의를 해 주었는데, 한 유아가 만약 동의를 하지 않으면 어떻게 되는지 물어보았습니다.

유아들은 동의를 하지 않으면 그 친구를 사진에서 빼거나, 얼굴을 가릴 수도 있다는 것을 알게 되었으며 사진을 흐리게 하거나 모자이크 처리, 사진에 스티커를 붙이는 것에 대해 이야기하며 동의하지 않는 사람의 의견도 존중해야 한다는 것에 대해 생각해 보았고 이름, 전화번호, 주소 등 개인정보보호에 대한 것도 이야기하게 되었습니다.

눈으로 보며 듣는 음성 기록
CLOVA Note

클로바 노트
(Clova Note)

녹음 및 기록이 가능한 앱으로 유아들과 이야기 나눈 것을 전사하기 위해 사용하였고 스마트폰, 데스크탑에서 모두 사용 가능합니다. 녹음된 음성 기록을 편집할 수 있고 기록 및 음성 파일을 각각 다운로드 받을 수 있습니다. 다운로드 받을 때 기록 내용에 시간, 참석자 정보 포함 여부를 체크하면 원하는 정보만 활용할 수 있습니다.

유아들에게 연구를 위해 녹음을 해도 되는지 먼저 허락을 구하고, 사람의 말소리를 녹음하면 글자가 화면에 나오는 앱이 있음을 소개하고 녹음을 시작하였습니다. 앱 화면을 함께 보며 어떤 놀이를 할 때 사용하면 좋을지에 대해서도 이야기하였습니다.

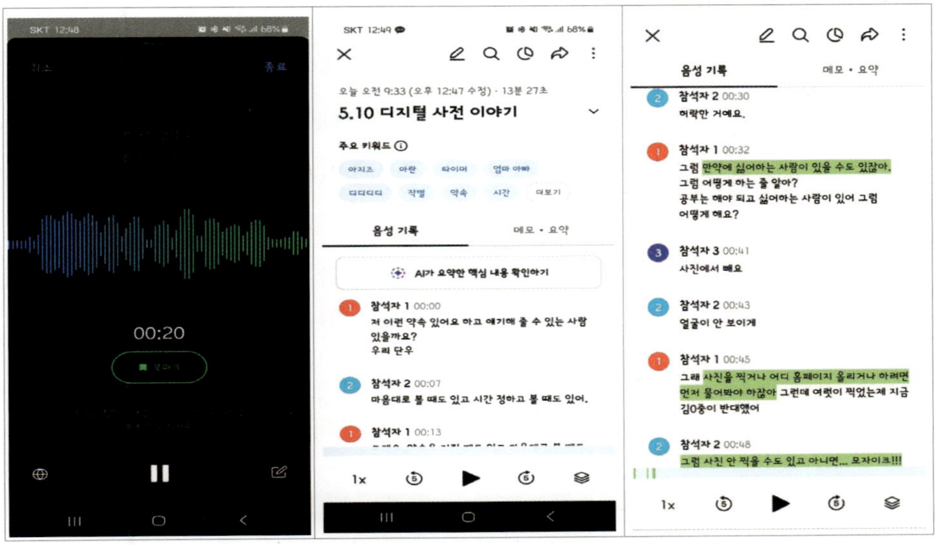

생각해 보아요.

교사도 처음에는 이러한 과정을 직접 경험해 갈 수 있을거라 생각하지는 못하고 강의식 이야기 나누기로만 진행되지 않을까 고민했어요. 그런데 막상 유아들과 디지털 세상에서 일어날 수 있는 상황들을 있는 그대로 이야기하는 과정 속에서 올바른 디지털 활용을 위해 미래시민이 알아야 할 내용들을 생각하며 이야기하고 있는 우리를 발견할 수 있었습니다.

나. 수업 사례

1) "디지털이란 무엇일까? "

디지털 시민성 교육을 하기 전, 유아들의 디지털 사전 경험이 어느 정도인지, 가정에서는 어떻게 사용하는지 궁금하여 몇 가지 물어보았습니다. 유아들은 '디지털이 무엇일까?', '디지털이란 말을 들어봤니?'라는 질문에 선뜻 무엇이라 대답하지 못하더라구요. 예상으로는 바로 '스마트폰'이나 '컴퓨터' 등 유치원이나 가정에서 자주 접하는 디지털 기기의 이름이 나올 줄 알았습니다. 특히나 현재 학급의 유아들은 다양한 디지털 놀이를 경험하였기 때문이었습니다.

그러나 유아들은 디지털 기기의 이름이나 용어 자체는 잘 모르지만 '유튜브', '인스타그램' 등의 아이콘을 보여주니 무엇을 하는 플랫폼인지 잘 알고 있었습니다.

심지어 일상생활에서 많이 본 스마트 워치(Smart Watch)에 대해 동그란 모양의 워치는 갤○○사(우주 공장), 네모난 워치는 애○사에서(사과 공장) 생산되는 것이라고 알고 있었으며, 같은 회사 스마트폰과 워치를 써야 워치와 스마트폰에 전화가 같이 온다고도 이야기하여 깜짝 놀랐습니다. 이것은 유아가 '운영체제'라는 말은 몰라도 막연히 디지털 기기를 움직이게 하는 프로그램이 같다는 개념을 알고 있는 것이 아닐까 하는 생각이 들었습니다.

그럼 이 신기한 '디지털 신인류'는 디지털로 무엇을 하는지 함께 살펴볼까요?

▲ '디지털이란 무엇일까?' 이야기 나누기

'디지털'하면 무엇이 생각나니?

(유아들은 대답이 없다가 자료 화면을 보여주자 아이콘을 보고 합창하듯이 '유튜브'하고 외친다.)

유튜브 동영상 봐요. 티니핑 나오는 거

와이파이! 유튜브 보려면 와이파이가 되어야 해요.
우리 누나는 와이파이만 찾아다녀요.

충전! 엄마 스마트폰 하고 나면 충전해야 해요.
아니면 다음에 못 해요. 배터리 다 닳아서 엄마가 못하게 해요.

근데 유튜브 보다가 나오는 거 아무거나 누르면 안돼요.

맞아! 무서운 거 볼 수도 있어! 누르면 안돼요.
아무거나 누르면 돈을 내라고 하는 것도 있어!

스마트폰 떨어뜨리면 안돼요, 그럼 고장나요.

유아들은 교사가 제시하는 플랫폼을 주로 사용하는 유치원 교실에서의 디지털 놀이와는 조금 다른 경험을 가정에서 하고 있음을 알 수 있었습니다. 가정에서는 야외나 집 이외의 공간에서 스마트폰을 하게되는 경우가 있으므로 무선 인터넷이 사용 가능한 공간이어야 (부모님께서 데이터 걱정 없이) 스마트폰을 할 수 있게 해 주신다는 경험을 한 것이죠.

또한 유아들은 디지털 기기를 사용하려면 가장 기본적으로 충전이 되어 있어야 사용할 수 있다는 것을 이미 생활에서 경험하여 알고 있었습니다. 유아들의 디지털 경험은 그야말로 생활에서 체득한 실제적인 것이었습니다.

유치원에서도 태블릿PC 사용 시 우레탄 보호대를 씌워 충격에 주의하고 사용 전후 충전을 하며, 함께 쓰는 물건이니 소독해서 사용한다는 이야기를 더 구체적으로 나누게 되었습니다.

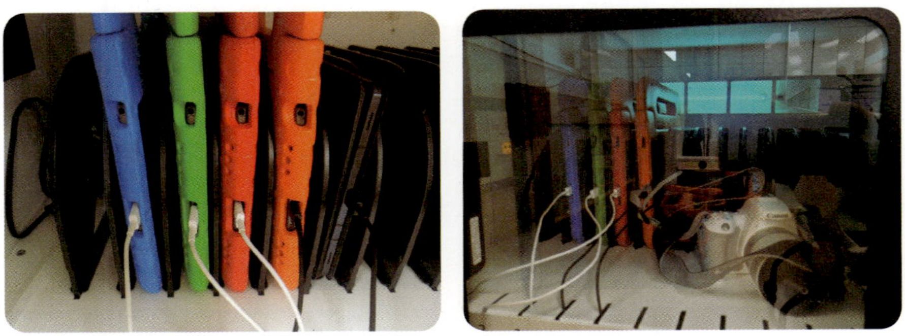

▲ 유아교육기관에서 디지털 기기의 충전 및 소독 보관기

2) "함께 지키는 디지털 사용 약속 "

유아들 이야기 속을 조금 더 자세히 들여다보면 앞에서 말한 '디지털을 사용할 때 허락 먼저 구하기' 외에도 스마트폰을 사용하는데 주의해야 할 일들이 있음을 알 수 있습니다. 바로 디지털 세상을 여행할 때 먼저 이루어져야 하는 디지털 기기, 플랫폼 등의 사용에 관한 약속이며 이것은 '디지털 시민성 교육'의 내용이 됩니다.

약속된 시간이 되면 디지털 기기를 스스로 끌 수 있어요.

유아의 디지털 조절력을 기르기 위해서는 스스로 시간을 정해서 사용하는 것이 좋습니다. 부모가 시간을 정해주고 그만하라고 할 때까지 하는 방법은 오히려 유아가 주도적으로 조절력을 기르는 데 도움이 되지 않습니다.

먼저, 하루에 스마트폰이나 텔레비전을 보는 스크린 타임의 총 시간을 부모와 유아가 상의하여 정하고 한 번에 다 하지 않고 1회 사용 시간도 정하는 것이 좋습니다. 예를 들어 하루에 20분씩 총 3회 가능하다는 것을 유아가 이해할 수 있도록 설명하고 하루 총 사용량을 사용하면 오늘은 더 이상 사용할 수 없으며 내일 해야 한다는 것을 이야기합니다.

이때 유아가 정한 시간을 스스로 지킬 수 있도록 가시적으로 시간이 지나감을 알 수 있게 타이머를 사용하면 좋습니다. 특히 유치원에서는 화이트보드가 있는 타이머를 사용하여 이름을 기록하게 하면, 누구의 활동을 타이머로 체크하고 있는지 모두 알 수 있어 시간을 지키는데 더욱 효과적입니다. 또한 활발한 상호작용이 이뤄지도록 2~3명이 함께 이름을 쓰고 같이 활동하면 교육적인 효과도 더 높을 것입니다.

화이트보드 타이머는 뒷면에 보드마카와 지우개를 넣는 공간이 있어 사용이 매우 편리하며 영역 활동이나 교실 내 소그룹 활동 시, 전체 놀이 시간과 다르게 타이머를 맞추어 활동하기에도 용이합니다.

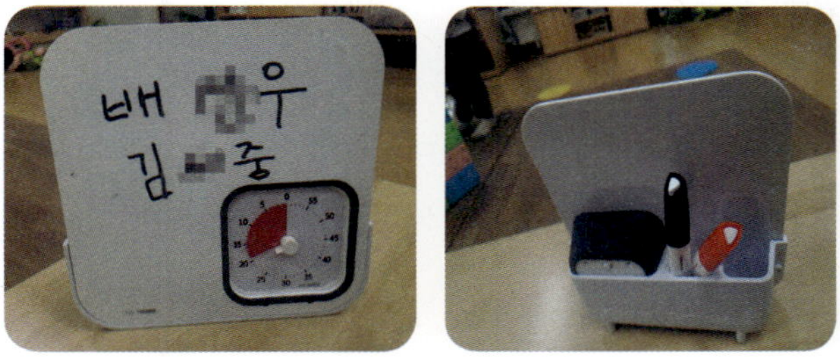

▲ 화이트보드 타이머

▲ '멈추기' 영상(Pause for people)[2)]

타이머가 울려 약속한 시간이 되면 1단계: 스스로 멈추고, 2단계: 끝내기 위해 숨을 한번 쉬고, 3단계: '끝~'을 외치며 기기를 끄는 루틴을 갖게 해 주시기 바랍니다.

디지털 기기를 사용할 때 꼭 어른과 함께 해요.

또한 스마트폰을 사용할 때, 사용해도 되는 시간과 장소인지 먼저 유아 스스로 생각해 보게 하고 부모님과 함께 콘텐츠나 플랫폼을 정한 후, 시청도 부모님과 함께 하도록 가정으로 안내합니다.

디지털 세상에서 안전하게 지내요.

유아들도 스마트폰을 사용하면서 아무거나 누르면 안 된다는 것을 알고 있었고, 디지털 세상에도 나쁜 사람이 있다는 것에 대해 이야기하였습니다. 그래서 우리는 인터넷을 이용할 때 모르는 사이트는 접속하지 않고 나와 가족의 이름, 사진, 연락처 등의 개인정보를 함부로 남기지 않는다는 것을 알게 되었습니다.

깨끗한 디지털 발자국을 남겨요.

평소 교실에서 친구들과 바른 말과 고운 말을 사용해야 하는 것처럼 디지털 세상에서도 예의 있게 행동하고 다른 사람의 마음을 생각해야 하며 내가 디지털 세상에 남긴 것들이 매우 오래 간다는 것에 대해 생각하게 되었습니다.

---

2) 커먼센스에듀케이션 디지털 시민성 교육 동영상: 멈추기(Pause for people) 참고
https://www.commonsense.org/education/digital-citizenship/lesson/pause-for-people

앞에서 말한 바와 같이 디지털 시민성 교육은 유치원과 가정에서 함께 연계하여 이루어져야 하며 부모의 디지털 사용 습관과 태도가 유아에게 영향을 많이 미치므로 부모교육과 함께 이루어져야 합니다. 부모교육용 카드뉴스를 제작하여 가정으로 안내하고 디지털 사용 약속을 가정에서도 지속적으로 지키며 소통할 수 있도록 패들렛을 활용하여 과정을 공유하고자 하였습니다.

생각해 보아요.

유아들은 이미 생활에서 다양한 콘텐츠와 기기를 접하였고, 디지털 기기 사용의 기본 요건인 충전과 와이파이 찾기, 모르는 사이트와 광고 등을 클릭하면 안 된다는 것을 알고 있었습니다. 또한 디지털 세상에는 우리가 사는 세상처럼 나쁜 사람도 있고 좋은 사람도 있다는 것을 알고, 개인정보를 함부로 이야기하지 않으며 다른 사람에게 예의를 지켜야 함에 대해서도 관심을 가지고 있었습니다.
유아들에게 다소 어려울 수 있는 내용이지만 디지털 세상에서의 개인정보보호와 디지털 발자국에 대해서도 관심 있게 다루며 디지털 시민으로서의 소양을 기르는 것이 여느 영역의 활동보다 중요한 시대 입니다.
또한 유아의 디지털 시민성을 기르기 위해서는 부모의 디지털 사용 인식의 변화와 주의가 필요합니다. 디지털 기기를 사용하는 유아와 늘 함께 지켜보며 상호작용 해야 함을 인지해야 하고, 부모 또한 디지털 시민으로서 균형 있게 사용하는 모습을 유아에게 보여줌으로써 올바른 교육이 이루어짐을 안내해야 합니다.

▼ 부모교육 및 수업 자료: '디지털 시민성 교육' 카드뉴스

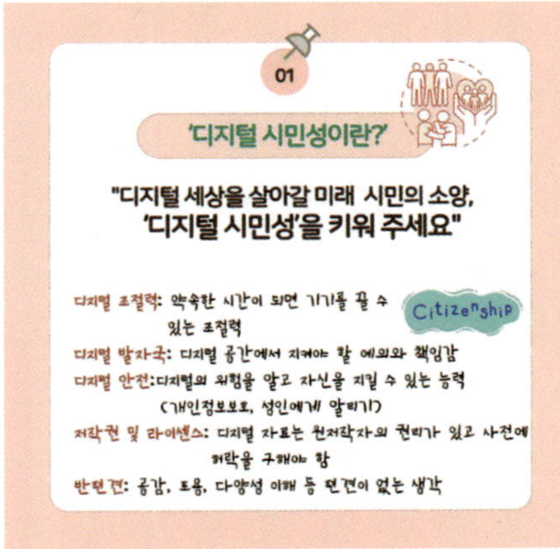

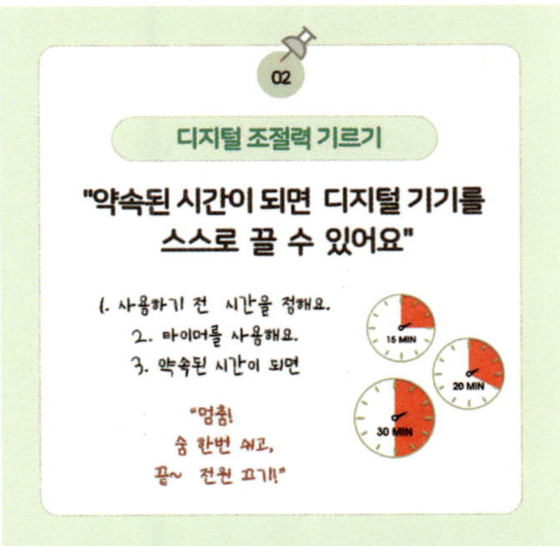

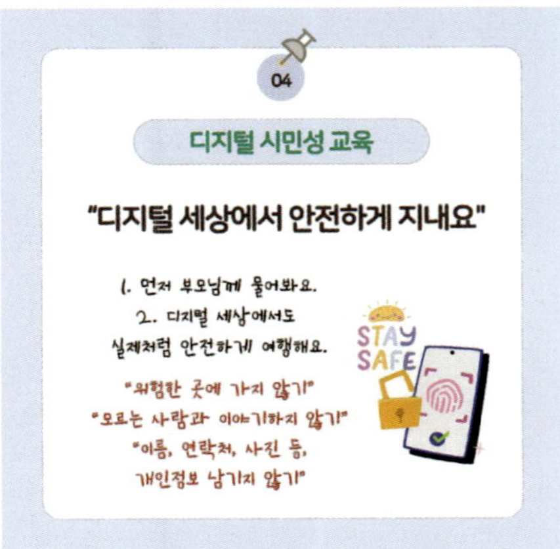

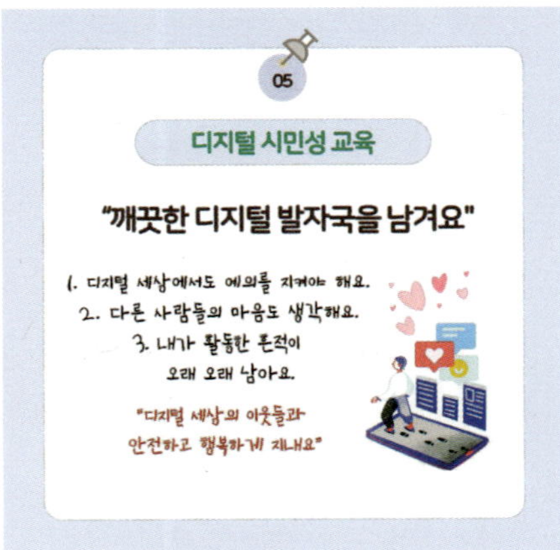

▼ 부모교육 및 수업 자료: '초기 디지털 리터러시 교육' 카드뉴스

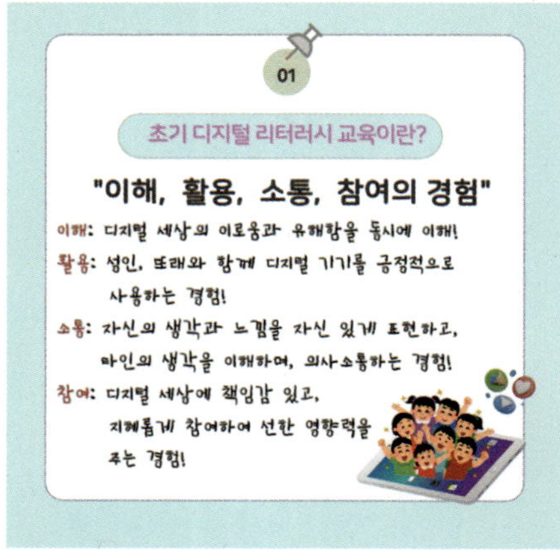

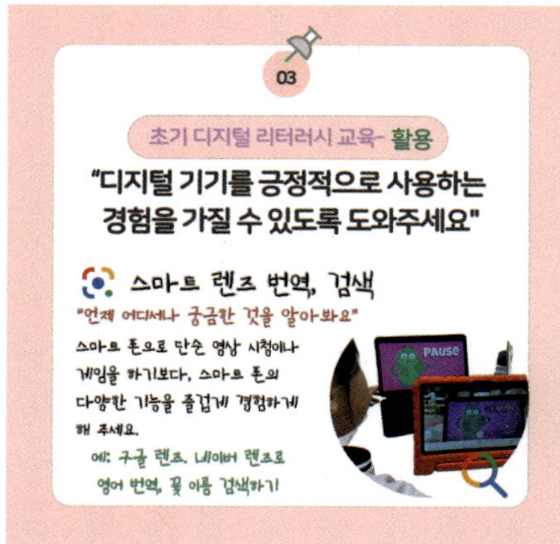

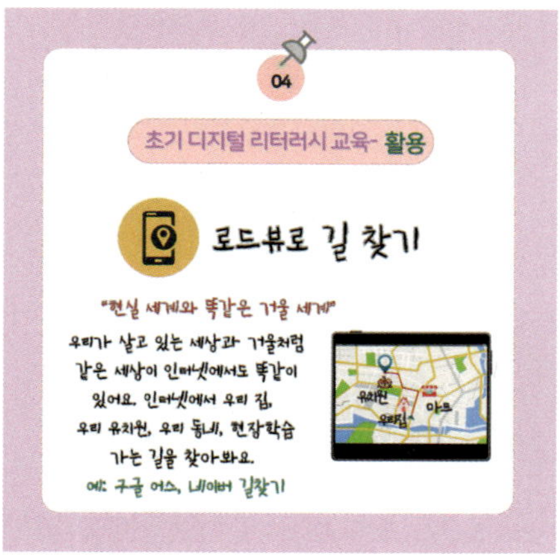

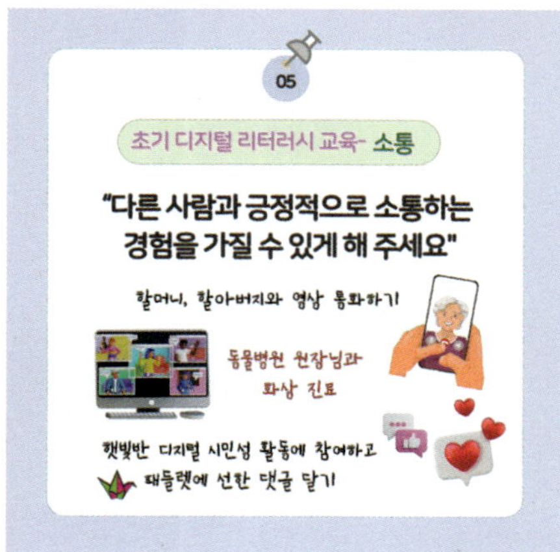

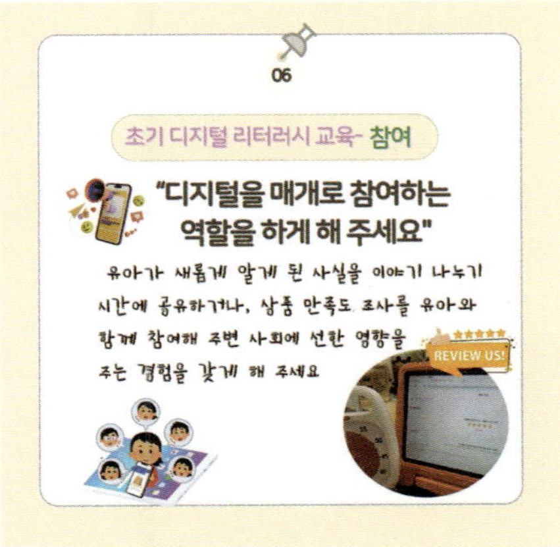

▲등 · 하원 시 부모와 유아가 함께 볼 수 있도록 현관 스마트TV에 상영

대한어린이교육협회　　대한어린이교육협회

캔바
(Canva)

캔바는 프레젠테이션, 포스터, 문서, 동영상 및 기타 시각 콘텐츠를 만들기 위해 사용되는 그래픽 디자인 플랫폼입니다. 앞의 디지털 시민성 교육 카드뉴스는 캔바로 만들었습니다. 무수히 많은 템플릿을 지원하고 있어 다양한 콘텐츠를 손쉽게 만들 수 있으며 교사 인증을 받으면 대부분의 템플릿을 무료로 사용할 수 있습니다. 또한 다양한 파일 형태로 저장 및 공유가 가능하여 실시간 협업이 이루어질 수 있습니다.

▼ 디지털 시민성 & 초기 디지털 리터러시 활동 및 공유 패들렛 안내

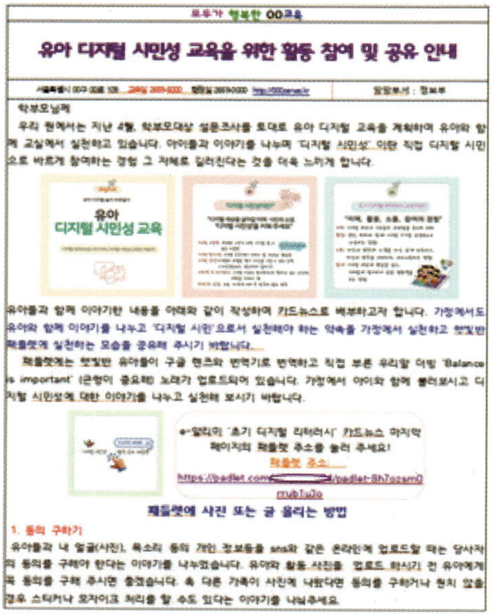

모두가 행복한 OO교육

유아 디지털 시민성 교육을 위한 활동 참여 및 공유 안내

담당부서 : 정보부

학부모님께

우리 원에서는 지난 4월, 학부모대상 설문조사를 토대로 유아 디지털 교육을 계획하여 유아와 함께 교실에서 실천하고 있습니다. 아이들과 이야기를 나누며 '디지털 시민성' 이란 직접 디지털 시민으로 바르게 참여하는 경험 그 자체로 길러진다는 것을 더욱 느끼게 합니다.

유아 디지털 시민성 교육

유아들과 함께 이야기한 내용을 아래와 같이 작성하여 카드뉴스로 배부하고자 합니다. 가정에서도 유아와 함께 이야기를 나누고 '디지털 시민'으로서 실천해야 하는 약속을 가정에서 실천하고 햇빛반 패들렛에 실천하는 모습을 공유해 주시기 바랍니다.

패들렛에는 햇빛반 유아들이 구글 렌즈와 번역기로 번역하고 직접 부른 우리말 더빙 'Balance is important' (균형이 중요해) 노래가 업로드되어 있습니다. 가정에서 아이와 함께 들어보시고 디지털 시민성에 대한 이야기를 나누고 실천해 보시기 바랍니다.

e-알리미 '초기 디지털 리터러시' 카드뉴스 마지막 페이지의 패들렛 주소를 눌러 주세요!
패들렛 주소:
https://padlet.com/[illegible]/padlet-8h7ozsm0rrub1u3o

패들렛에 사진 또는 글 올리는 방법

1. 동의 구하기

유아들과 내 얼굴(사진), 목소리 등의 개인 정보들을 sns와 같은 온라인에 업로드할 때는 당사자의 동의를 구해야 한다는 이야기를 나누었습니다. 유아와 활동 사진을 업로드 하시기 전 유아에게 꼭 동의를 구해 주시면 좋겠습니다. 속 다른 가족이 사진에 나왔다면 동의를 구하거나 원치 않을 경우 스티커나 모자이크 처리를 할 수도 있다는 이야기를 나눠주세요.

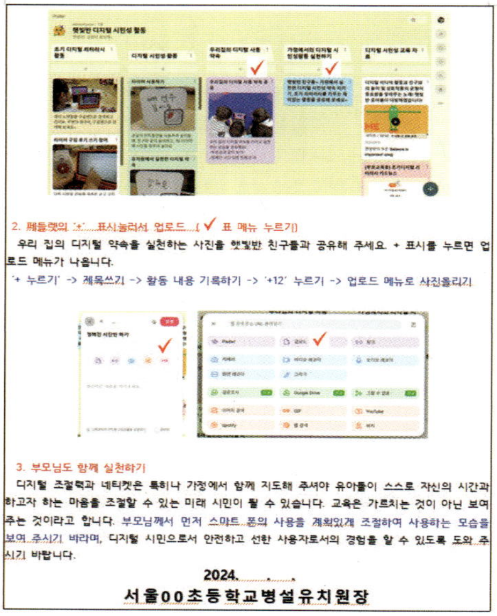

2. 패들렛의 '+' 표시눌러서 업로드 (✓ 표 메뉴 누르기)

우리 집의 디지털 약속을 실천하는 사진을 햇빛반 친구들과 공유해 주세요. + 표시를 누르면 업로드 메뉴가 나옵니다.

'+ 누르기' -> 제목쓰기 -> 활동 내용 기록하기 -> '+12' 누르기 -> 업로드 메뉴로 사진올리기

3. 부모님도 함께 실천하기

디지털 조절력과 네티켓은 특히나 가정에서 함께 지도해 주셔야 유아들이 스스로 자신의 시간과 하고자 하는 마음을 조절할 수 있는 미래 시민이 될 수 있습니다. 교육은 가르치는 것이 아닌 보여주는 것이라고 합니다. 부모님께서 먼저 스마트 폰의 사용을 계획있게 조절하여 사용하는 모습을 보여 주시기 바라며, 디지털 시민으로서 안전하고 선한 사용자로서의 경험을 할 수 있도록 도와 주시기 바랍니다.

2024. . .

서울00초등학교병설유치원장

▲ 가정에서 '올바른 디지털 사용 약속' 패들렛에 공유하고 소개하기

padlet

패들렛 (Padlet)

"패들렛"이라는 가상 게시판에 콘텐츠를 업로드, 구성 및 공유할 수 있는 실시간 협업 플랫폼 입니다. 유치원에서는 다양한 수업 자료를 모아서 관리하거나, 상호 의견을 나누는 브레인스토밍 회의를 진행할 수도 있으며, 수업의 흐름을 정리해 부모와 놀이 이야기 형태로 공유하고 의견을 나눌 수 있습니다. 일정 용량이 무료 사용 가능하여 다양한 자료와 의견을 나누는 가상의 공간으로 활용하기에 용이합니다.

3) 커먼센스에듀케이션(Common Sense Education) '디지털 시민성' 교육자료 활용하여 유아용 교육 영상 제작하기

교사의 고민

유아들은 이미 화려한 미디어에 둘러싸여 원하지 않아도 수많은 정보에 노출되어 있으며, 다양한 디지털 기기를 손쉽게 사용하고 있습니다. 주변에 디지털 콘텐츠나 플랫폼은 많았지만 정작 디지털을 비판적으로 선택하고 올바르게 사용하는데 필요한 교육이나 경험을 제공하는 디지털 시민성 교육자료는 많지 않았습니다. 앞에서 말한 바와 같이 유아교육기관에서도 디지털 콘텐츠를 만들고 수업에 활용하는 것이 먼저였습니다.
어떻게 하면 디지털 네이티브인 우리 아이들이 디지털 사용에 있어 즐겁고 올바르게 선택하는 주체가 될 수 있을까요?
교사인 저에게도 생소한 디지털 시민성, 초기 디지털 리터러시는 어떻게 지원해야 생기는 걸까요?

디지털 조절력 개념, 온라인 세상에서의 안전 등에 대해 유아가 쉽게 이해할 수 있는 자료를 찾아보았습니다. 개발된 자료가 있으나 초등 이상의 아동용이어서 유아에게는 다소 어려워 적당하지 않거나, 단순히 과의존 예방을 위해 시간 지키기 활동에만 초점이 맞춰진 자료가 많았습니다. 물론 시간을 지켜 사용하는 것이 디지털 조절력의 가장 기본이며 중요한 약속입니다. 그러나 우리는 이제 시간을 지키면서, 디지털 시민으로서의 디지털의 양면성을 이해하고 균형을 맞추며, 자신을 조절하고 안전한 온라인 생활을 하는 올바른 참여자로서의 디지털 네이티브가 될 수 있도록 지원해야 할 것입니다.

▲ 출처: 커먼센스에듀케이션 웹사이트 https://www.commonsense.org/education

커먼센스에듀케이션 웹사이트(https://www.commonsense.org/education)에는 디지털 시민성 요소를 신체 각 부분에 비유하는 직관적인 캐릭터로 표현(예: 디지털 놀이와 아날로그 신체 놀이의 균형:'팔')하면서 디지털 활동과 신체활동의 균형, 디지털 조절력, 디지털 세상에서의 안전을 유아 수준에 맞게 영상으로 제공합니다. 그중 '균형이 중요해(Media balance is important)' 노래는 영어로 되어 있으나 디지털 세상이 얼마나 재미있으며 그 안에서 균형 있게 지내기 위한 구체적인 방법은 무엇인지를 알려주는 멋진 내용이었습니다.

그러나 이 노래는 영어와 스페인어 버전만 있어 유아에게 바로 소개하는데 어려움이 있었습니다. 교사로서 영어 가사를 맥락과 멜로디에 맞게 한글로 번역하고 박자에 맞게 한글 음운을 맞출 수 있을까 고민이 되었습니다.

주말 내내 영어로 된 콘텐츠를 어떻게 아이들에게 전달할까, 가사를 어떻게 기술할까 고민하는 중에 아이들과 노래를 먼저 들어보는 시간을 갖게 되었습니다.

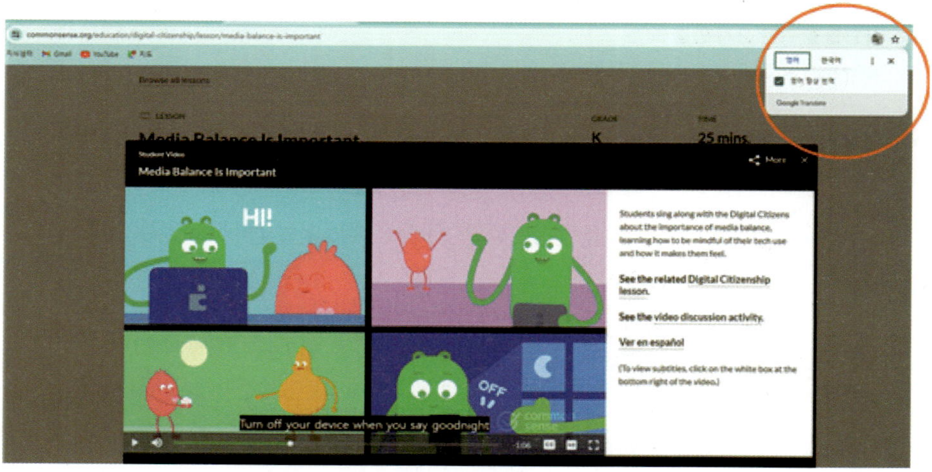

▲ 출처: 커먼센스에듀케이션 웹사이트 https://www.commonsense.org/education

유아들과 다 함께 전자칠판으로 웹사이트에서 영상을 보려고 할 때, 유아들은 어떤 언어로 볼 것인지 선택하는 메뉴를 발견하였습니다. 유아들은 바로 '한국어'를 선택하자고 했고 동영상의 자막이 영어에서 한국어로 바뀌어 재생되었습니다. 교사는 예민하게 보지 못했던 메뉴를 유아들은 '디지털 신인류'답게 한 번에 선택하여, 교사가 주말 내내 한국어로 노래 가사를 만드느라 고민했던 것이 조금 허탈해지는 시간이었습니다. '아, 이거 나도 눌러 볼걸...' 다양한 디지털 사용자 환경을 보다 민감하게 탐색하고 시도해 보는 유아들을 보며 '그들의 내재된 디지털 역량은 어디까지인가?'라는 생각이 들었습니다.

TIP

구글 번역기(Google Translate)를 설치한 상태에서 크롬 브라우저(Crome Browsers) 웹사이트를 열면 사이트 주소 상단에 위 동그라미 안에 있는 아이콘이 생성되어 한국어로 번역된 것을 볼 수 있습니다.

▲ 구글 렌즈와 번역 앱 사용하기

번역이라는 것에 흥미가 생긴 유아들과 함께 다양한 곳에 인쇄된 외국어를 번역하고 검색할 수 있는 '구글 렌즈'앱을 태블릿PC에 설치하고 사용방법을 알아보았습니다. 유아들은 번역을 해서 한글 자막과 더빙판을 직접 만들어 보기로 하였습니다. 유아들은 이제 주변 모든 사물, 생물, 글자에 관심을 가지고 구글 렌즈로 검색하였고 커먼센스 동영상과 사이트 내의 영어도 구글 렌즈로 번역하며 탐색하다 저작권과 관련된 표시를 알게 되었습니다. 저자 표시와 비영리는 문제 없었는데 변경금지라는 조항이 마음에 걸렸습니다. 영상의 내용을 바꾸는 것은 아니지만 한국어를 더빙하는 것도 변경이라고 여겨질 수 있지 않을까 염려가 되었습니다. 그래서 한국어 더빙을 하게 되면 변경금지 조항에 문제가 없는지를 알아봐야 했습니다.

▲ 출처: 커먼센스에듀케이션 웹사이트 https://www.commonsense.org/education

저작자 표시-비영리-변경금지 (BY-NC-ND)
복사, 배포 가능 / 상업적 이용, 2차 저작물 불가능

이 과정에서 저작권이 있는 콘텐츠를 변경할 때는 원저작자의 허락을 받아야 함을 아이들과 이야기하게 되었고 본 연구를 함께하고 있는 교수님의 도움을 받아 커먼센스 담당자에게 이메일을 보내기로 했습니다. 이메일로 담당자와 온라인에서 소통하고 영어를 한국어로 번역하면서 다양한 디지털 기기를 활용하게 되는 경험은 '디지털 시민성 교육' 과정 자체에서 '초기 디지털 리터러시'도 함께 기르는 시간이었습니다.

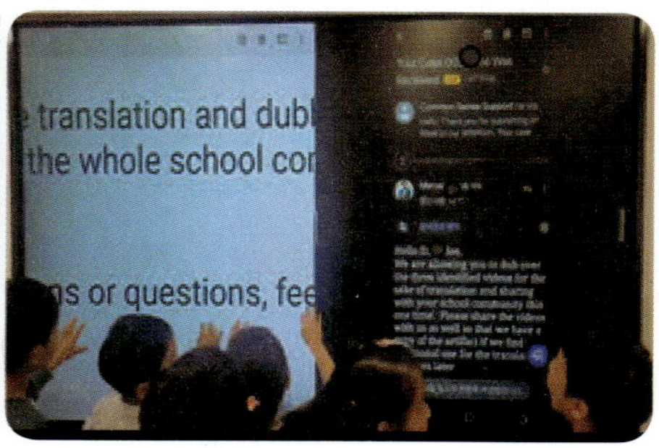

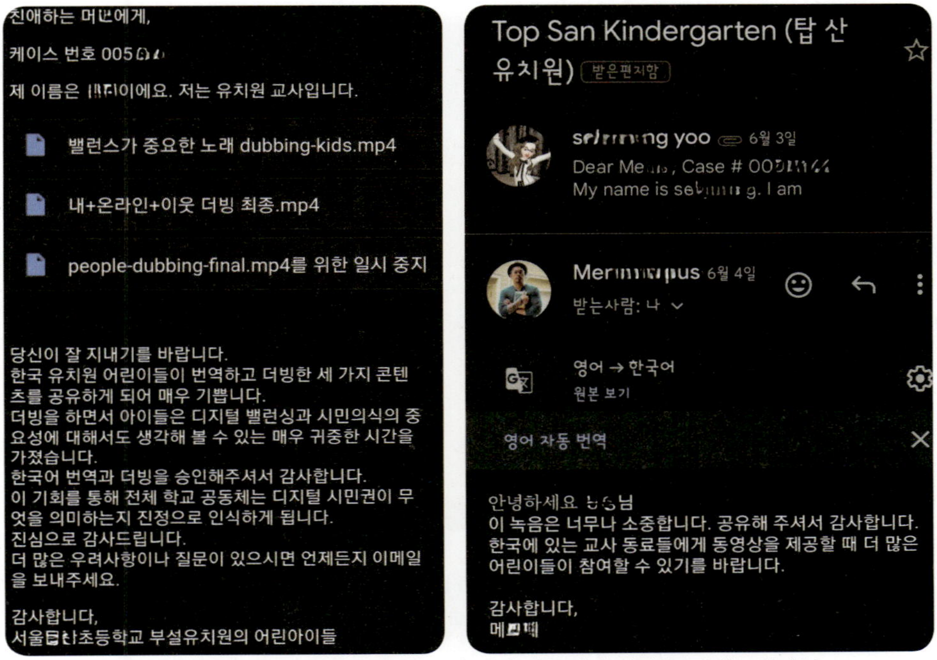
친애하는 머ㅂ에게,

케이스 번호 005

제 이름은 이에요. 저는 유치원 교사입니다.

밸런스가 중요한 노래 dubbing-kids.mp4

내+온라인+이웃 더빙 최종.mp4

people-dubbing-final.mp4를 위한 일시 중지

당신이 잘 지내기를 바랍니다.
한국 유치원 어린이들이 번역하고 더빙한 세 가지 콘텐츠를 공유하게 되어 매우 기쁩니다.
더빙을 하면서 아이들은 디지털 밸런싱과 시민의식의 중요성에 대해서도 생각해 볼 수 있는 매우 귀중한 시간을 가졌습니다.
한국어 번역과 더빙을 승인해주셔서 감사합니다.
이 기회를 통해 전체 학교 공동체는 디지털 시민권이 무엇을 의미하는지 진정으로 인식하게 됩니다.
진심으로 감사드립니다.
더 많은 우려사항이나 질문이 있으시면 언제든지 이메일을 보내주세요.

감사합니다,
서울 초등학교 부설유치원의 어린아이들

Top San Kindergarten (탑 산 유치원) 받은편지함

6월 3일
Dear Me , Case # 00
My name is se g. I am

6월 4일
받는사람: 나

영어 → 한국어
원본 보기

영어 자동 번역

안녕하세요 님
이 녹음은 너무나 소중합니다. 공유해 주셔서 감사합니다.
한국에 있는 교사 동료들에게 동영상을 제공할 때 더 많은 어린이들이 참여할 수 있기를 바랍니다.

감사합니다,

▲ 커먼센스 담당자에게 한글 더빙판 영상 만들기의 허락을 구하는 이메일

드디어 한국어 더빙을 해서 유치원 교실에서 사용할 수 있다는 허락의 이메일을 받았습니다. 유아들은 노래 가사를 번역기로 직접 번역하였지만 의미가 어색하고 멜로디에 맞지 않았기에, 글자 수를 조정하여 부르기 쉽게 만들면서 녹음을 하기 시작하였습니다. 교사는 녹음한 파일과 영상을 '캔바'와 '클로바 더빙'으로 편집하여 한글 더빙 노래 영상을 완성하게 되었습니다.

▲ 번역하여 한글 더빙판을 만드는 유아들과 재창조된 우리의 콘텐츠

디지털 사용과 친구와의 놀이의 균형이 중요함을 알려주는 노래, '균형이 중요해!'를 햇빛반 유아들이 더빙하였습니다!

햇빛반이 부른 '균형이 중요해!'

대한어린이교육협회

▲ 균형이 중요해 (Media balance is important)

출처: 커먼센스에듀케이션 웹사이트 https://www.commonsense.org/education 자막 및 더빙 변경

정말 재미있지만 작별해야 할 때, 3단계 멈춤으로 작별을 해 보세요! 우리 햇빛반 어린이들이 어떻게 하는지 알려 줄 거에요^^

'멈추기' 동영상 (Pause for people)

▲ '멈추기' 동영상 (Pause for people)

출처: 커먼센스에듀케이션 웹사이트 https://www.commonsense.org/education 자막 및 더빙 변경

또한 현실 세계처럼 온라인 세상에서도 안전에 유의해야 해요. 무엇이든 부모님께 먼저 물어보고, 아는 사람들하고만 이야기해요.

온라인 세상에서 안전하기 (Safety in my online neighborhood)

▲ '온라인 세상에서 안전하기' 동영상 (Safety in my online neighborhood)
출처: 커먼센스에듀케이션 웹사이트 https://www.commonsense.org/education 자막 및 더빙 변경

영상의 한글 자막은 클로바 더빙을 이용하여 어린이 목소리로도 삽입하였습니다. 영상의 주인공처럼 일곱살 어린이 목소리로 제작하여 교실에서 유아들과 디지털 시민성 교육용 영상으로 시청하고 패들렛과 알리미로 가정과 공유하였습니다.

클로바 더빙 (Clova Dubbing)

클로바 더빙은 텍스트를 넣고 다양한 AI의 목소리 중 선택하면 음성 파일이 생성되고, 보이스 속도와 볼륨을 조절하여 감정이 있는 목소리로 만들 수 있습니다. 보이스를 추가함과 동시에, 바로 편집기에서 확인할 수 있어서 빠른 편집이 가능하고 효과음을 넣을 수도 있습니다.

4) 또래와 함께하는 초기 디지털 리터러시 경험

디지털 시민성 교육을 하면서 다양한 앱을 접해 보고 또래와 함께 유의사항을 지키며, 자신들의 놀이에 디지털 기기를 활용하여 긍정적인 경험을 확장해 나가게 되었습니다. 교사와 함께 또래와 함께 유의미한 상호작용을 하면서 주도적으로 놀이하는 경험은 초기 디지털 리터러시를 키우게 됩니다. 유아는 이러한 과정을 통해 디지털 시민성이 길러지며 적절하게 사용하고 참여하는 디지털 시민으로 커 갈 수 있으리라 기대합니다.

구글 렌즈
(Google Lens)

앱을 작동시켜 사진을 찍으면 사진 안의 여러 가지 요소들을 인식하여 검색하는 Google의 스마트 렌즈입니다. 사진 안의 문자열, 관광지의 랜드마크, 책, 명함, 명화, 로고와 QR코드, 바코드, 텍스트 등을 인식하여 다양한 정보를 제공합니다. 태블릿PC나 스마트폰에서 스마트 렌즈를 이용하면 바깥놀이에서 다양한 식물과 곤충, 이미지 속 외국어 번역과 정보를 얻는 활동을 유아들도 손쉽게 해 볼 수 있습니다.

▼ 또래와 함께 디지털을 긍정적으로 사용하는 초기 디지털 리터러시 활동

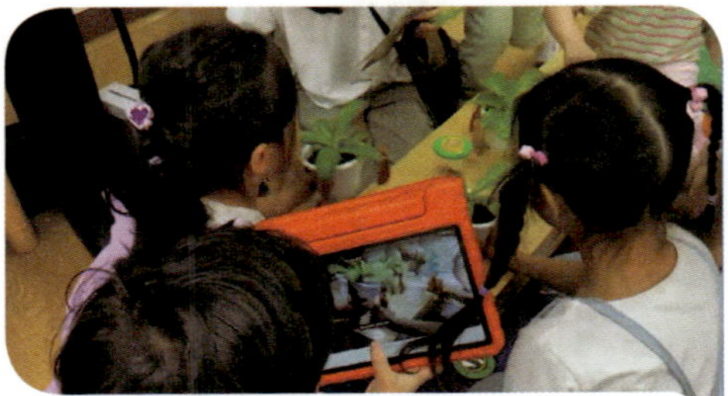

식충 식물이 우리 교실에 왔어요! 구글 렌즈로 검색해서 이름을 알아보았어요!

친구가 좋아하는 타이타닉, 블록으로 어떻게 만드는지 검색해서 만들었어요!

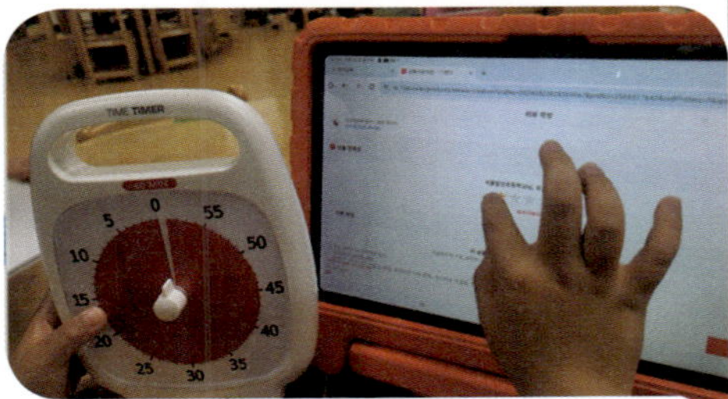

타이머 구입 후기를 남겼어요. 사고 싶은 사람에게 도움이 되었으면 좋겠어요!

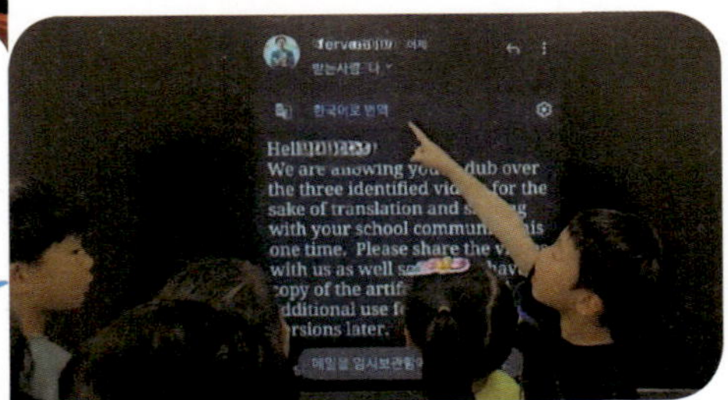

영어로 온 이메일을 한국어로 바꿔주는 번역 앱을 알게 되었어요. 바로 여기를 누르면 돼요!

블록으로 주차장을 어떻게 만드는지 촬영하고 있어요. 내가 유튜버가 된 것 같아요!

현실 세계를 가상세계로 그대로 옮긴 거울 세계를 경험할 수 있습니다. 유아들이 유치원, 친구 집, 우리 동네, 부모님 회사, 조부모님 댁 길 찾기 등으로 현실의 공간을 가상으로 경험할 수 있습니다. 특히 현장학습 장소 등을 로드뷰를 통해 알아보는 활동을 하기에 유용하며, 세계 여러 나라를 알아보고 싶을 때는 구글 어스(Google Earth)를 사용하면 실감나는 세계여행을 할 수 있습니다.

네이버 길찾기

5) 캠페인 영상 만들기

디지털 시민성에 관한 다양한 활동을 한 햇빛반 유아들은 일과 중 자연스럽게 '균형이 중요해' 노래를 흥얼거렸습니다. 유치원 현관에서 스마트TV로 상영되는 '균형이 중요해' 영상과 '멈추기' 영상을 본 동생반 유아들은 균형이 무엇인지, 왜 필요한건지 궁금해했습니다. 햇빛반은 동생들에게 자신들이 더빙한 노래를 들려주고 '디지털 약속 지키기' 캠페인을 하기로 하였습니다.

어떻게 하면 동생들에게 디지털 시민성을 알려줄 수 있을지 이야기하다가 디지털 약속이 무엇인지를 동생들은 잘 모를 수 있다고 생각하며 그림을 그려 알려주기로 했습니다.

▲ 그림으로 표현한 캠페인용 디지털 사용 약속

▼ 디지털 사용 약속 동생들에게 알려주기 캠페인을 위한 그림 그리기

디지털과 친구와의 놀이에서 균형을 지켜요!

온라인에서는 예의를 지켜요!

다른 사람의 기분을 생각해서 말해요!

부모님과 함께 디지털을 사용해요!

나의 중요한 정보는 함부로 말하지 않아요!

가족 모두 약속한 시간을 지켜서 사용해요!

AD

애니메이티드 드로잉
(Animated Drawings)

종이에 그린 그림을 움직이게 하는 AI 도구입니다. 애니메이티드 드로잉 웹사이트(https://sketch.metademolab.com/)에 접속하여 스케치북, 노트 등 종이에 그린 그림을 사진으로 찍어 업로드하면 그림이 애니메이션처럼 움직이게 됩니다. 로그인 없이 간단하게 사용할 수 있으며 무료입니다.
애니메이티드 드로잉 사이트에서 한국어 번역 상태로 작업하면 오류가 나는 경우가 있으니 영어 버전으로 작업하시는 것을 권하며, 그림은 스캔하여 투명 배경으로 업로드하면 더욱 선명한 그림을 얻을 수 있습니다. 또한 그림의 배경을 지우는 것은 캔바의 이미지 편집 기능으로도 손쉽게 가능합니다.

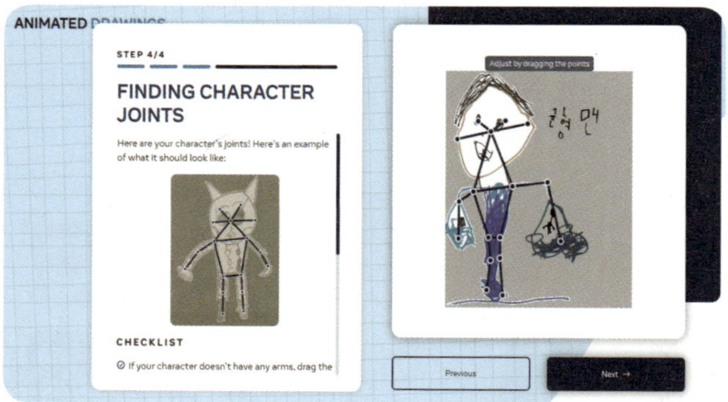

▲ 애니메이티드 드로잉으로 움직이는 그림 만들기

대한어린이교육협회

▲ 디지털 시민성 기르기 '디지털 약속' 캠페인

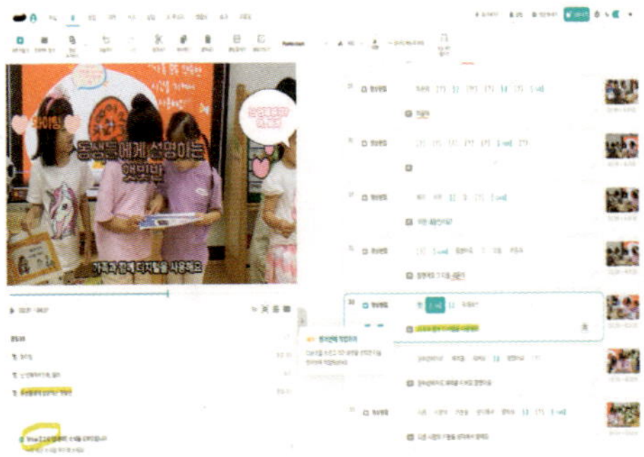

▲ 브루 영상 편집화면

▲ 디지털 사용 약속 캠페인

Vrew
브루
(Vrew)

음성 인식 기능을 통한 자막 자동 생성, 직접 녹음하지 않아도 되는 AI 목소리, 상업적으로 사용 가능한 무료 이미지, 비디오, 배경음악과 AI가 대본과 영상을 한 번에 만들고, 텍스트로 비디오 만들기 등 쉽고 간편하게 만드는 것이 장점으로 문서 편집을 할 줄 아는 사람이라면 브루 영상 편집도 금방 할 수 있습니다.

놀이를 마무리하며

지금까지 교실에서 어떤 디지털 기기로 어떤 콘텐츠, 또는 어떤 플랫폼을 활용하여 디지털 놀이를 전개할까? 놀이중심 교육과정에 적합한 방법은 무엇인가? 교실에서의 디지털 놀이를 위해 필요한 교사의 역량은 어떻게 길러야 할 것인가에만 매진해 온 날들이었습니다. 아마도 디지털 교육에 관심 많으신, 이 글을 읽고 계신 선생님께서도 그러하시리라 생각됩니다. 정작 중요한 것은 우리 유아들인데 급변하는 기술의 변화에 조급해하며 뭔가 해내야 한다는 부담을 과제처럼 떠안고 밀려와 지금 여기에 있는 것 같았습니다.

이제 우리 같이 유아들과 함께 경험한 3단계 '멈추기' 활동처럼 열심히 달려왔던 디지털 놀이를 잠시 멈추고, 숨을 크게 들이쉰 후 아이들을 바라볼까요? 먼저 디지털 네이티브인 우리 유아들의 잠재력이 무엇인지, 어떻게 탐색해 나아가는지를 한걸음 물러서서 지켜보지 못했다는 생각이 들었습니다. 디지털 활동이란 것이 과하면 안 된다는, 빠지면 안 된다는 부정적인 생각으로 인해 스스로 탐색하고자 하는 디지털 신인류의 역량을 미처 알아보지 못했습니다.

이제 직접 참여하며 그 과정을 통해 성장해 나가는 '디지털 시민성' 교육을 먼저 실천하면서, 유아에게 주도권을 주고 스스로 생각하고, 비판하며, 받아들이고 바꿔나가는 우리 아이들을 지원해 주고자 합니다.

2. 유아의 생각이 살아있는 디지털 놀이

교사는 놀이중심 교육과정을 운영하며 다양한 놀이의 확장을 지원하고 유아의 역동적인 상호작용에 귀를 기울이게 됩니다. 이러한 놀이를 지원하며 유아가 아이디어를 제안하거나 함께 의사결정하는 과정, 탐구한 것을 공유하는 과정을 통해 함께 만들어가는 교육과정을 실행합니다. 앞서 디지털 시민성 교육을 했다면, 이제 유아의 생각이 살아있는 놀이를 통해 유아가 디지털을 활용하여 타인과 소통하고 참여하는 긍정적인 경험을 가질 수 있는 초기 리터러시 교육을 지원할 수 있습니다.

디지털 놀이를 지원하기 위해 교사는 적절한 기기를 내어주거나 상호작용으로 이야기 나누기, 규칙 정하기, 매체 소개, 놀이자료의 지원이라는 교수전략을 통해 교육과정과 연계하는 노력을 합니다. 교육현장에서 적용 가능한 '유아의 생각이 살아있는 디지털 놀이'를 함께 들여다볼까요?

학급정보

- 연령: 4세
- 인원: 16명(남아 8명, 여아 8명)
- 유아 배경: 유치원 텃밭을 활용한 바깥놀이를 즐김
  교실 내 다양한 디지털 기기 사용에 대한 경험이 풍부함

누리과정 관련 요소

신체운동·건강

- 디지털 기기를 바르게 사용하는 방법을 알고 놀이 속에서 다양하게 활용함
- 디지털 기기를 사용하여 눈과 손의 협응능력, 대 · 소근육 발달을 도모함

의사소통

- 전자책 만들기 활동에서 말놀이와 이야기 짓기를 즐김
- 놀이 상황에서 궁금한 점을 질문하거나 디지털 기기를 사용하여 상호작용함

자연탐구

- 디지털 현미경을 활용해 텃밭 작물을 탐색함
- 텃밭을 탐구하는 과정에서 다양한 디지털 놀이로 확장함

사회관계

- 화면미러링, QR코드를 사용해 우리만의 놀이를 공유하고 소통함
- 디지털 플랫폼을 이용하여 협업과정, 온라인 투표를 경험함

예술경험

- 자신의 느낌, 생각, 경험을 가상 공간에 창의적으로 표현함
- 디지털 공간에서 서로 다른 친구의 생각을 감상하고 상상하여 표현하기를 즐김

놀이 주제 텃밭정원으로 놀러오세요

놀이 전개 흐름

① 텃밭정원이 궁금해요
(with 디지털 현미경, 식물검색 앱, 북크리에이터)

② 텃밭 개장식을 준비해요
(with 굿노트, 프로크리에이트, 띵커벨)

③ 아픈 식물을 치료하는 식물병원
(with 비대면 현장체험학습)

④ 사라지지 않는 텃밭
(with 코스페이시스 에듀)

⑤ 나는야 텃밭 요리사
(with 인공지능 추천시스템)

가. 유치원 텃밭정원이 궁금해요

1) 디지털 현미경으로 관찰하기

아이들과 매일 유치원 텃밭정원에서 다양한 텃밭 식물을 가꾸고 있습니다. 식목일을 기념해 심은 체리나무, 작년에 농사 풍년이었던 감자, 가지, 방울토마토 등 우리가 직접 가꾸고 키우는 텃밭정원에는 매일 조금씩 자라며 변하는 식물들로 가득합니다. 유아들은 매일 생동감 넘치는 텃밭에 나갈 때면,

선생님, 무당벌레 애벌레 찾았어요.

감자에 꽃이 폈어요!

래디쉬 얼굴이 땅을 뚫고 나왔어요.

다양한 이야기가 넘칩니다. 그러다

나도 보고싶어, 비켜봐, 나는 안 보이잖아, 교실에서 관찰하고 싶어요.

교사의 고민

돋보기나 루페 같은 관찰도구 외에도 유아가 보고 싶은 부분을 확대해서 보거나 여러 명이 함께 세밀하게 관찰할 수 있는 도구는 없을까?

잘 보이지 않는 것들에 대한 불편함이나 더 자세히 보고 싶은 지적호기심으로 다양한 요구를 하며 교사를 바라봅니다.

디지털 현미경

태블릿PC 또는 컴퓨터에 연결하여 1000배까지 확대해 볼 수 있는 스마트 현미경입니다. 디지털 현미경 기종에 따라 관련 앱을 설치 후 USB를 연결하여 관찰한 것을 볼 수 있습니다. 휴대폰에 연결할 경우 OTG(on-the-go)젠더인 휴대폰 전용 USB케이블로 연결하여 세밀하게 관찰하고 현미경에 있는 동그란 버튼을 눌러 화면을 캡처하면 사진으로 저장할 수 있습니다.

TIP

유아가 관찰하고 캡처하여 저장한 사진을 직접 소개해 보거나 새롭게 알게 된 점을 친구들과 나눌 수 있어요. 또는 디지털 현미경으로 캡처한 사진을 활용하여 부분그림 맞추기 놀이로 확장할 수 있어요.

다양한 식물을 식별할 수 있는 앱입니다. 유아가 찍은 식물 사진을 분석하여, AI 기술을 활용해 해당 식물의 이름과 상세 정보를 제공합니다.

플랜트스냅 (PlantSnap)

TIP

네이버 스마트 렌즈, 구글 렌즈 등을 사용하면 식물의 이름 외에도 궁금한 사진이나 그림, 정보 등을 검색할 수 있어요.

식물과 꽃에 대한 다양한 정보를 얻을 수 있는 앱입니다. 식물에 대한 궁금한 사항을 질문하여 답변을 얻을 수 있고 식물클리닉을 통해 병충해, 식물 케어 방법 등 식물 관리에 대한 정보를 얻을 수 있습니다.

모야모

TIP

교실에서 식물을 기르며 궁금한 점이나 아픈 식물을 치료하는 방법을 이야기 나누고 커뮤니티에 질문을 올려 답변을 얻는 활동에 참여하며 디지털 세상에서 생각을 주고받으며 소통할 수 있어요.

▲ 디지털 현미경을 활용하여 식물을 관찰하는 모습

얘들아, 파리지옥의 뾰족한 이빨 안에는 더 날카로운 가시가 보여!

퍼포리아 잎에 있는 빨간 무늬가 꼭 우리 몸에 있는 핏줄 같아.

내가 책에서 봤는데 퍼포리아 입 안에 있는 털이 벌레를 녹여 먹는대.

돋보기로 보는 것보다 현미경으로 보는 게 100배는 잘 보여.

디지털 현미경을 사용하여 식물을 관찰하기 시작하면서 유아들은 텃밭에서 보이는 작은 변화들에도 관심을 가지고 집중하는 모습을 볼 수 있었습니다. 딸기꽃의 수술과 암술 부분을 자세하게 살펴보거나 식충식물을 관찰 후 세밀하게 잎맥을 표현하고 그림으로 표상하는 모습이 나타났습니다. 이와 더불어 식물과 관련된 책에서 스스로 정보를 찾아서 읽어보려는 모습, 정보그림책에 나오는 사진을 보며 "이것도 디지털 현미경으로 찍은 거 맞죠?" 등의 새로운 지식의 확장을 엿볼 수 있었습니다.

2) 텃밭에서의 다양한 상호작용을 기록하고 확장하기

텃밭의 식물들은 따뜻한 햇빛, 적당한 바람, 맑은 공기, 그리고 물이 꼭 필요해요. 유아들은 매일매일 텃밭에서 물을 주면서 사랑과 정성을 담아 텃밭 식물들을 돌봅니다. 분무기, 여러 가지 모양의 스포이드, 물조리개, 호스 등 다양한 도구를 사용하여 텃밭에 물을 주며 도구에 따라 물이 나오는 모양, 소리가 다르다는 것을 경험하고 재미를 느낍니다. 유아들은 물을 주면서 "쉬쉬쉬, 쏴아~" 입으로 소리를 내며 물을 주기도 하고, 친구가 물웅덩이를 만들면 "선생님 00이가 물을 콸콸콸 쏟아요"라고 말하며 물소리를 표현하기도 합니다.

교사의 고민

유아들의 재미있는 말놀이를 담아낼 수 있는 방법은 무엇일까?
반복되는 글자나 운율을 경험하고 나타낼 수 있는 의성어, 의태어를 사용해서 수업에 적용해보면 어떨까?

이러한 고민 중에 초등학교 형님들의 모내기 수업을 볼 기회가 생겼습니다. 이와 연계하여 유아들과 『모모모모모』라는 동화를 감상하고 한 글자로 이야기를 만들어내는 것에 관심이 높아졌습니다. 유아들이 물 주는 사진을 보며 물 주는 도구나 모습에 따라 어떤 소리가 나는지 함께 이야기 나누어 보며 소리를 글로 표현해보는 수업이 이루어졌습니다. 화면미러링을 통해 사진을 보면서 사진에서 나는 소리를 태블릿PC의 그리기 기능을 활용해 표현하였습니다.

▲ 화면미러링을 통해 물 주는 그림 공유하기, 물소리를 디지털 드로잉으로 표현하기

우리도 『모모모모모』 동화처럼 한 글자로 책 만들어요.

물소리를 우리가 직접 녹음해서 진짜 물이 흐르는 것처럼 해봐요.

나는 호스에서 물이 폭포처럼 나오는 거 그림으로 그리고 싶어요.

너희들이 이야기한 것처럼 그림도 그리고, 목소리도 넣을 수 있는 책 만들기 도구가 있는데 한 번 살펴볼까?

나는 그림 그리는 거 어려워서 안 그리고 싶어요.

직접 그리는 그림 말고도 자동으로 그림을 그려주는 기능도 있는데 한 번 사용해볼까?

이번에는 엄마랑 아빠랑 나오는 동화책 만들어보면 어때요?

그것도 좋은 생각이네. 우리가 만들고 싶은 그림책은 무엇이든 만들 수 있지~

선생님, 너무 재미있어요. 이거 우리 엄마한테도 보내주세요.

북크리에이터
(Book Creator)

북크리에이터 앱은 직접 책을 만들고 출판할 수 있도록 도와주는 디지털 플랫폼입니다. 책을 만들 때 필요한 다양한 레이아웃을 제공하고 그림책을 만들기 위해 그림, 사진, 영상을 쉽게 삽입할 수 있는 저작도구입니다. 유아들이 직접 작가가 되어 자신의 창작물을 공유하고 협업하기에 적합한 디지털 도구입니다.

BOOK CREATOR

반짝반짝 보석텃밭 말놀이 책

Bibiana K

▲ 북크리에이터 앱을 활용하여 만든 전자 동화책, QR코드로 가정과 책 공유하기

텃밭에서 물을 주는 모습을 유아의 사진으로 삽입하고 디지털 드로잉으로 물줄기와 소리를 그림과 글로 표현하여 전자책을 제작하였습니다. 북크리에이터와 연동이 가능한 캔바에서 간단한 배경요소를 넣어 표지와 텃밭 배경을 추가하였고 목소리 녹음 기능을 활용해 소리를 녹음하였습니다. 북크리에이터를 활용하여 동화책을 만들게 되면 전자책이지만 실제 책을 보면서 책장을 넘기는 듯한 동작으로 동화책을 감상할 수 있습니다. 또한 북크리에이터의 읽기 기능을 사용하면 글을 읽지 못하는 유아도 동화책을 읽는데 도움을 받을 수 있습니다. 유아들이 함께 협업하여 만든 그림책은 주소 링크와 QR코드를 활용해 가정으로 공유할 수 있으며 전자책을 다운로드하여 인터넷 연결 없이도 책을 읽을 수 있습니다.

생각해 보아요.

자신의 모습과 생각을 그림으로 그려 표현한 동화책에 대해 지속적인 관심과 흥미를 보였으며 매일 같은 동화책을 반복해서 읽거나 친구들이 표현한 물소리를 따라 해보는 모습을 보였습니다. 전자책은 언제 어디서든 동화를 감상할 수 있으며 편리하게 휴대할 수 있다는 장점이 있어요. 유아들과 직접 만든 전자책을 QR코드나 주소 링크를 활용하여 멀리 있는 가족들에게 선물하거나 읽는 사람에 따라 확대, 축소 기능을 사용하여 읽기 편의성을 높일 수 있다는 것을 함께 이야기 나누며 새로운 독서 매체를 경험할 수 있는 수업이 되도록 유아들과 교실에서 함께 해보세요.

나. 텃밭 개장식을 준비해요

1) 텃밭 현수막 및 초대장 만들기

텃밭에 있는 식물을 디지털 현미경으로 관찰하기, 전자책 만들기 등의 놀이를 통해 유아들은 텃밭에 더욱 애정을 가지고 매일 변하는 텃밭을 가꾸어 나갔습니다. 텃밭에서의 다양한 탐색이 이루어지며 높아진 관심을 토대로 한 해 텃밭농사의 시작을 알리는 텃밭 개장식을 열기로 하였습니다. 텃밭 개장식을 준비하기 위해 텃밭 현수막 제작하기, 텃밭 팻말 만들기, 텃밭 이름 투표하기의 활동이 진행되었습니다.

텃밭 현수막에는 모든 연령의 유아들이 텃밭에서 만난 식물과 곤충 등을 그리고 대형 현수막으로 제작하기로 하였습니다. 현수막에 넣을 그림은 크기 조정이 쉽고 수정이 용이하도록 디지털 드로잉을 활용하여 다양한 그림 표상이 나타나도록 하였습니다. 디지털로 그린 그림은 '복사하기-붙여넣기' 기능을 이용하여 현수막 외에도 초대장, 이름표, 포스터 등 다양한 환경인쇄물로 반복해서 재사용할 수 있었습니다.

굿노트
(Good notes)

디지털 노트 앱으로 펜, 스케치, 텍스트 등을 사용하여 디지털 노트 필기와 문서관리를 할 수 있습니다. 다양한 펜과 브러시 옵션을 제공하여 유아가 그림을 그릴 수 있어 교실에서 유용하게 활용이 가능합니다. 직관적인 인터페이스와 다양한 기능으로 유아들도 쉽게 방법을 익혀 조작할 수 있습니다. 또한 다른 사용자와 노트를 공유하고 함께 편집할 수 있는 기능을 제공합니다.

TIP

굿노트의 협업 기능을 사용하면 노트를 공유하여 서로 다른 태블릿PC로 공동 작업을 하며 협동 그림을 그리거나 간단한 빙고 게임 들을 해볼 수 있어요.

iOS 전용 기본 앱으로 다양한 스케치 도구, 색상 등을 활용한 디지털 페인팅이 가능합니다. 고해상도의 캔버스를 사용하여 직관적인 인터페이스와 풍부한 기능을 통해 유아가 쉽게 디지털 드로잉으로 창작해볼 수 있는 디지털 도구입니다. PSD, PDF, JPEG, PNG 등 다양한 파일 형식으로 내보내기 및 불러오기가 가능합니다. 이를 통해 다른 소프트웨어와의 호환성을 높여 작업물을 쉽게 공유할 수 있는 장점이 있습니다.

프로크리에이트
(Procreate)

TIP

타임랩스 레코딩 기능을 사용하면 유아가 그리는 과정이 자동으로 저장되어요. 유아가 자신의 작업과정을 공유하거나 복습할 수 있고 관련 영상을 보며 다양한 그리기 방법을 배울 수 있어요.

▲ 프로크리에이트 앱을 활용하여 유아의 디지털 드로잉 공동 작업으로 만든 텃밭 현수막

▲ 굿노트 앱을 사용하여 그린 텃밭 개장식 초대장

유아들은 텃밭에서 만난 식물과 곤충에 대해 자유롭게 표상하고 정보그림책에서 살펴본 작물을 디지털 펜을 사용해 세밀하게 표현할 수 있었습니다. 실시간 협업을 통해 다른 유아의 디지털 드로잉 그림을 감상하고 식물 표상에 대한 아이디어를 공유하며 자연스럽게 디지털 문해 환경을 접하게 되었습니다. 자신의 느낌과 생각이 글과 그림으로 TV 화면에 그대로 미러링 되어 나타나는 것을 보고 유아들은 능동적으로 놀이에 자신의 의견과 생각을 더하며 디지털 드로잉을 즐기고, 유아의 생각이 살아있는 우리 반만의 놀이를 구성해 나갔습니다.

2) 텃밭 이름 투표하기

한 해동안 불리는 텃밭 이름에 대한 유아들의 의견은 매우 다양하였습니다. 텃밭 이름을 선정할 때 어떤 방식으로 정하면 좋을지 이야기를 나눈 후 모두의 의견을 반영하여 공정하게 투표로 결정하기로 하였습니다. 때마침 국회의원 선거가 예정되어 있어 선거에 대한 이야기 나누기를 바탕으로 선거용 포스터, 선거인명부, 투표함, 투표용지 등을 만들고 텃밭 이름 선정을 위한 선거를 실시하였습니다. 개표 결과는 다수결로 결정되었는데 선택되지 못한 텃밭 이름을 후보로 올린 유아가

"다시 투표해요. 이건 완전 무효야~, 인원이 적어서 그래요" 라고 말하자

또 다른 유아들도 **"우리 엄마랑 아빠랑 할머니, 고모까지 투표하면 안 돼요?"** 라며

거들기 시작했습니다.

선생님들은 각 반에서 투표 결과가 내 생각이나 뜻과 달라도 받아들일 수 있는 태도도 중요하다는 것을 이야기하였고 어린이들의 다양한 생각과 의견을 어떤 방식으로 반영할 수 있을지 논의하였습니다. 이에 온라인 투표를 진행하여 가정에서도 투표를 실시하고 오프라인의 현장투표와 가정에서의 온라인 투표를 합산하여 올해의 텃밭 이름을 선정하기로 결정하였습니다. 예정에 없었던 온라인 투표라 어떤 웹사이트나 플랫폼을 사용하여 가정과 공유할 것인지에 대한 고민이 들었고 적합한 플랫폼을 찾아 가정과의 연계를 하면서 유아들은 참여와 공정이라는 디지털 시민성의 가치도 경험할 수 있었습니다.

띵커벨
(ThinkerBell)

실시간 퀴즈 및 토의 · 토론을 할 수 있는 참여형 온라인 플랫폼입니다.
간단한 퀴즈 만들기부터 많은 사람들의 의견을 모으는 투표의 형태로도 활용할 수 있습니다.
만들기-토의 · 토론-투표 순서로 설정하여 과제를 지정하면 다양한 의견을 수합할 수 있습니다.

▲ 텃밭 이름 선거 현장투표

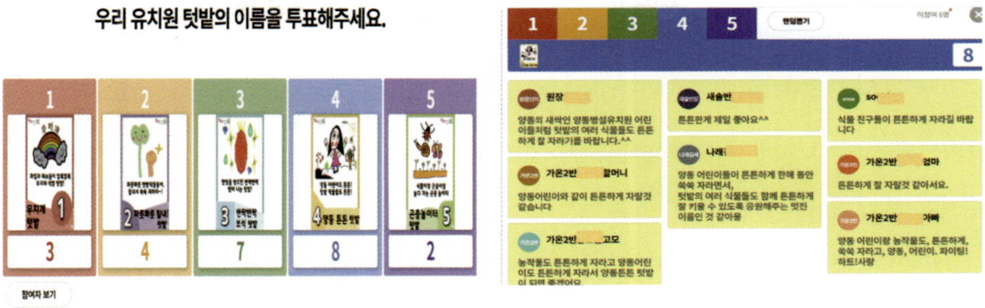

▲ 띵커벨을 활용한 텃밭 이름 선거 온라인투표

다. 아픈 식물을 치료하는 식물병원 (비대면 현장체험학습)

"식물이 아프면 어떻게 해야 하나요?"

텃밭에서 쓰러져 있는 꽃을 발견했어요. 텃밭놀이 후 교실에서는 식물이 아플 때는 어떻게 해야할지에 대한 이야기 나누기가 이어졌습니다. 인터넷 검색창에 '식물이 아프면'이라고 키워드를 쓰고 검색하였더니 우리가 아프면 병원에서 치료를 받는 것처럼 식물들도 아플 때에는 치료를 받고 입원도 할 수 있는 병원이 있다는 것을 알게 되었습니다. 인터넷 정보 검색을 통해 궁금증을 해결하고 새롭게 알게된 사실인 식물병원에 대해 매우 흥미를 보이며 관련된 사진과 기사를 살펴보았습니다. 교실에서도 지난 텃밭 이름 투표에서 탈락한 우리 반의 의견을 반영한 '파릇파릇 힘내! 식물병원'이라는 간판을 만들어 식물병원을 열고, 식물병원에서 하는 일들을 놀이를 통해 심화하게 되었습니다.

교사의 고민

'식물을 치료하러 오는 손님은 없고 모두가 의사 역할만 하겠다고 해서 놀이가 확장되지 않는 이유는 뭘까? 왜 식물은 치료해주지 않고 자꾸 친구를 치료하는 병원놀이로 놀이가 다른 방향으로 흘러가는 걸까?'

유아들의 놀이를 면밀하게 관찰하니 아이들은 아픈 식물을 치료해주고 싶어 하지만 '식물병원'에 대한 사전경험이 부족하다 보니 어떻게 치료가 이루어지고, 식물병원에 있는 의사 선생님은 어떤 역할을 하는지에 대해 어려움을 겪고 있었습니다.

이에 서울시에서 운영하는 식물병원을 검색하게 되었고 아이들과 아픈 식물이 진료받을 수 있는 방법에 대해 이야기를 나누었습니다. 하지만 우리 유치원에서는 거리가 멀거나 사전에 계획된 현장체험학습이 아니므로 직접 가서 진료를 받는 것은 어려움이 있었습니다.

그러던 중 교실에서 키우는 식물인 파리지옥이 택배 배달로 인해 시들해진 모습을 보여 살릴 수 있는 방법을 식물병원 진료를 통해 도움을 받기로 하였습니다. 이야기 나누기를 통해 아픈 파리지옥을 치료할 수 있는 방법과 식물병원에 대해 궁금한 점을 질문목록으로 만들었습니다. 디지털 시민성 교육의 일환으로 이야기 나누기 시간에 서울시 공공서비스 예약 사이트를 방문하여 서울시 반려식물병원의 영상진료를 유아들과 함께 예약하였습니다.

TIP

〈서울시 반려식물병원〉

서울시 공공서비스 예약 사이트 https://yeyak.seoul.go.kr/web/main.do

※ 시 · 도별 농업기술센터 및 환경연구원 등에서 반려식물병원 운영

▲ ZOOM을 활용한 식물병원 비대면 영상 진료

"우리 반 파리지옥에 까만 점이 있어요. 많이 아픈 거 같아요."

"아픈지 어떻게 알 수 있었나요? 파리지옥이 직접 말을 했나요?"

"말은 안 했지만 기운이 없어 보이고 힘이 하나도 없이 누워 있어요."

"그럼 3가지 방법으로 해보세요. 첫 번째 물이 너무 많은지 확인해 보세요. 두 번째는 따뜻해야 해요. 햇빛이 많은 곳으로 옮겨 주세요. 세 번째 매일 관찰해주고 예쁘다 말해주세요. 그러면 쓰러진 잎이 일어날 거에요."

"식물병원에서 수술은 어떻게 하나요?"

"가위를 가지고 아픈 부위를 자르고 식물연고를 발라 줍니다. 그리고 필요하면 입원실에 입원해서 치료하기도 해요."

온라인으로 영상진료를 받은 후 교실에서 이루어지는 식물병원 놀이가 정교화되는 모습을 보였습니다. 접수실, 진찰실, 수술실, 입원실, 조제실로 나누어 역할을 세분화하고 의사선생님 역할을 맡은 유아는 아픈 식물을 돌보고 치료하는 방법을 상세하게 상호작용하는 모습이 나타났습니다. 놀이가 활성화되고 다른 교실에 있는 형님과 동생들도 씨앗을 심고 자라지 않는 화분을 가지고와 치료를 받으며 다양한 역할을 경험하였습니다.

▲ 파릇파릇 힘내 식물병원 놀이

생각해 보아요.

놀이중심 교육과정에 디지털 놀이를 담아내기 위해서는 유아의 삶과 일상생활에서 유용하게 활용해 보는 구체적 경험을 통해 이루어져야 합니다. 주제에 따른 유아의 놀이 과정에서 다양한 생각이 모여 놀이를 실행하고 몰입하며 스스로 의미를 발견할 수 있습니다. 이러한 놀이 특성이 반영된 유아의 생각이 살아있는 디지털 놀이를 통해 능동적으로 구성 능력을 경험하고 현실 놀이와 융합하여 새로운 놀이로 재창조될 수 있습니다. 우리 주변에 있는 AR박물관, VR미술관 등 비대면 현장체험학습이 가능한 장소를 아이들과 찾아본 후 새로운 방식의 현장학습을 계획해보면 어떨까요?

라. 사라지지 않는 텃밭 구성하기

텃밭에서 자라는 식물들이 파종 시기, 수확 시기가 있는 것처럼 유아들의 놀이 주제에 따른 관심과 흥미도 높아지는 시기와 가라앉는 시기가 있습니다. 이럴 때 교사는 적절한 놀이자료의 지원, 새로운 매체 소개, 다양한 상호작용을 통한 교수전략을 바탕으로 유아의 사라져가는 관심과 흥미를 지원합니다. 유아의 놀이는 교사가 의도하는 대로 흘러가기도 하지만 일상생활의 다양한 환경 속에서 새로운 상황과 경험이 어우러져 재탄생하기도 합니다.

교사의 고민

더워지는 날씨. 궂은 날씨로 인해 텃밭에서 마음껏 놀기가 힘들어졌다. 하지를 맞아 감자를 수확하고 아이들과 감자가 있던 자리에 어떤 작물을 심을지 이야기 나누던 중 의견이 분분하였다. 연령별로 모든 의견을 수렴하여 시기에 적절한 옥수수를 심기로 하였으나 아이들의 다양한 의견을 수용해주지 못해 아쉬움이 남았다. 또한 아이들은 더운 날씨로 인해 텃밭에 나가도 의자에 앉아서 쉬거나 물놀이를 즐기며 텃밭 관찰에 대한 흥미가 줄었다.

〈2024. 6. 교사의 저널 중〉

'텃밭에 대한 아이들의 흥미를 끌어 올리고 다양한 상상과 표현을 펼칠 수 있는 공간은 없을까?', '예전에 활용했던 코스페이시스를 통해 아이들이 창의적으로 텃밭 공간을 구성하고 만들어보면 어떨까?'

1) 가상공간에서의 새로운 텃밭 펼치기

유아들과 텃밭 사진을 보며 놀이평가를 하던 중

"작년에 내가 도담반이고 오빠가 가온반이었을 때에는 '쑥쑥이 텃밭'이었는데,
그때는 내가 좋아하는 파프리카도 있어서 더 좋았는데...."

"그럼 작년에 우리가 가꾼 쑥쑥이 텃밭은 사라진 걸까?"

아이들에게 질문을 던지고 나서 코스페이시스 에듀 앱을 실행하여 작년에 가온반 형님들이 만들었던 코스페이시스 안에 텃밭 가상공간을 소개하였습니다.

"화면에 보이는 곳이 어디인 것 같니?"

"우리 오빠도 저거 만들었는데.. 집에서 나랑 엄마랑 할머니랑 본 적 있어요.."

"우리 텃밭이랑 똑같지만 좀 달라요. 동물들이 엄청 많아요."

유아들은 TV 속 화면에 펼쳐진 가상공간에서 익숙한 장소인 텃밭이 실현되어 보여지는 것에 관심을 보였고, 실제 텃밭에서 볼 수 없었던 동물들의 움직임이나 스스로 조작하여 가상공간을 탐험해 볼 수 있다는 것을 흥미로워하였습니다. 디지털 매체를 활용하면 사진이나 영상에서 담을 수 없었던 생동감과 역동성을 느낄 수 있어 유아들의 상상력과 창의력이 발현되는 순간을 만나게 됩니다. 이를 통해 유아는 다양한 정보와 자극으로 새로운 아이디어와 영감을 얻게 되고 새로운 매체를 접하면서 탐색과 문제해결 과정을 통해 팅커링과 디버깅을 경험합니다.

유아는 새로운 디지털 기기나 플랫폼을 만날 때 '새롭게 배워야하는 것'이라는 생각보다는 '새로운 놀잇감'이라는 생각을 하며 흥미를 느끼고 탐색해 갑니다.

새로운 디지털 매체를 제공할 때 자연스럽게 유아의 흥미를 따라 충분한 탐색의 시간을 제공한다면 유아는 자신의 상상력을 마음껏 펼칠 수 있는 스케치북으로 활용할 수 있을 것이라 기대합니다.

2) 주도적으로 탐색하기, 더 나은 방법 찾기 (팅커링과 디버깅)

유아가 놀이에 적극적이고 주도적으로 참여한다는 것은 놀이에 몰입하며 유아-유아, 유아-교사, 유아-환경 간 상호작용 속에서 배움과 연결 짓는 중요한 첫걸음입니다. 디지털 기기와의 만남에서도 스스로 조작하고 두드리며 탐색하는 팅커링의 과정이 반드시 필요합니다. 유아는 팅커링의 과정을 통해 새로운 기능을 익히기도 하고 실수를 되돌리기도 합니다.

▲ 실제 텃밭 공간을 코스페이시스 에듀 앱에서 창의적으로 구성하기

> **TIP**
>
> 새로운 디지털 플랫폼이나 앱 등을 활용할 때 교사가 모든 기능과 방법을 숙지하지 않아도 괜찮아요. 기본적인 내용만 알고 있다면 유아들과 팅커링과 디버깅의 과정을 함께 경험하고 아이디어를 나누는 디지털 놀이에 참여해보세요. 직접 조작해보지 않더라도 디지털 공간에서 다른 사람의 작품을 방문하고 감상해보는 것만으로도 유아의 생각과 경험을 넓힐 수 있는 교육적 순간이 될 수 있습니다.

"코뿔소가 풀 먹는 거 하고 싶은데 어떻게 움직이지?"

"코뿔소를 깨우면 되지~! 선생님이 화장실에서 노크하는 것처럼 똑똑 두드리면 된다고 하셨잖아."

"똑똑! (더블클릭: 태블릿PC의 화면을 두 번 연속해서 두드림)
코뿔소야, 우리 텃밭에서 풀 먹을래?"
(애니메이션 동작을 하나씩 눌러 보며 eat라는 애니메이션 동작을 선택함)

"너 때문에 내가 넣은 고슴도치 없어졌잖아!"

"기다려 봐, 내가 도와줄게. (손가락 두 개를 화면에 두드리며) 어, 이상하다. 선생님은 이렇게 하면 다시 나오던데.."

▲ 화면미러링으로 실시간 놀이 공유/ 코뿔소(오브젝트)에 애니메이션 동작 추가하기

코스페이시스 에듀를 테블릿PC로 실행하면 유아가 직관적으로 조작하고 터치하는 과정을 통해 팅커링 과정을 엿볼 수 있습니다. 오브젝트에 움직임을 주기 위해 더블클릭을 알려줄 때에는 " '똑똑' 노크하는 것처럼 두드려볼까?"라며 상호작용해주어 동작을 쉽게 설명해주었습니다. 유아와 교사 간의 상호작용이 아니더라도 교사가 했던 동작을 관찰하여 '화면에 두 개의 손가락으로 두 번 두드리면 되돌리기'가 된다는 손짓을 이해하고 모방하는 과정도 나타납니다.

또한 다른 유아와 상호작용을 통해 알고 있는 방법을 공유하거나 스스로 조작해보는 시간 속에서 자연스럽게 디지털 기기와 상호작용하기 위해 이해해야 하는 인터페이스와 조작방법을 익히며 놀이할 수 있습니다.

충분한 시간 속에서 탐색을 하다 보면 다양한 문제 상황을 겪게 됩니다. 이를 해결하기 위해 친구와 상호작용하거나 자신의 사전경험을 활용하여 오류를 수정하고 새로운 방법을 찾아가는 과정을 거치게 됩니다.

"텃밭에서 보물찾기 놀이했을 때처럼 열쇠를 숨기고 찾으면 자물쇠가 열린다고 하자."

"그런데 자물쇠는 물건이라서 애니메이션이 안돼. 여기에 있는 건 잠겨있는 자물쇠밖에 없잖아."

"실제 자물쇠는 열쇠로 열면 열리는데 움직이는 거지."

"아니야. 동물, 사람, 버스 이런것만 움직이게 할 수 있어. 집이나 나무는 안 움직인다고!"

"그럼 오브젝트에 애니메이션을 줄 수 있는 것과 없는 것을 클릭해서 찾아보면 어때?"

교사인 저도 미처 생각하지 못했던 부분이라 아이들이 스스로 방법을 찾아 오류를 수정할 수 있도록 하였습니다. 유아들은 오브젝트를 눌러서 비교해보던 중 라이브러리에 움직임이 없는 주택이나 아이템 항목에서 물리적인 힘을 가하거나 사람에 의해 움직일 수 있는 것들(자물쇠, 옷장, 서랍장 등)은 애니메이션 적용이 가능하다는 것을 알게 되었습니다. 유아는 가상공간에서 능동적으로 움직이는 것과 수동적으로 움직일 수 있는 것들을 분류해보고 서로 상호작용하며 의견을 나누고 문제를 해결하는 과정을 경험할 수 있었습니다.

가상공간을 만들고 있는 태블릿PC를 화면미러링으로 공유하면 다른 놀이에 참여하고 있는 유아들과도 자연스럽게 놀이를 공유할 수 있고 참여를 유도하기도 합니다. 더불어 교사도 미러링된 TV화면을 보며 적절한 상호작용을 할 수 있습니다.

"선생님, 내가 만든 것도 큰 화면으로 볼래요."

"안돼, 내가 먼저 하고 있잖아."

"(화면미러링) 둘 다 해봐요. 그럼 텃밭이 엄청 커지겠네."

"두 개 다 연결하는 건 안되는 거 같은데... 그럼 한 번 해볼까?"

▼ 오브젝트의 움직임과 화면미러링에 대한 디버깅

유아들과 디지털 놀이를 하다 보면 교사도 생각하지 못한 상황들이 발생합니다. 유아가 거침없이 자신이 생각했던 것들을 실현하고자 의견을 제시하거나 자신만의 방법으로 직접 조작해보는 모습을 쉽게 발견할 수 있습니다. 시도해보지 않고 안될 것 같다고 여겼던 것들이 유아의 말 한마디에서 시작해 새로운 아이디어로 바뀌고 재창조되는 과정을 보면서 유아의 유능함을 다시 한번 실감하게 됩니다. 교실에 있는 스마트TV에서는 화면미러링이 태블릿PC 한 대만 연결되지만 신체활동실에 있는 전자칠판에서는 두 개의 태블릿PC가 동시에 화면미러링이 되는 과정을 새롭게 알게 되었습니다. 오류가 발생하여 버그를 수정하는 디버깅의 과정처럼 시도해보지 않고는 알 수 없는 것들을 스스로 방법을 찾아가며 직접 경험해보는 유아의 도전과 창의적인 사고를 격려하고 지원해주세요.

생각해 보아요.

유아의 일상생활 경험 속 한계를 디지털 놀이로 보완하면 창의적인 상상의 재료가 될 수 있습니다. 디지털 매체를 통해 유아가 상상하고 생각을 펼칠 수 있는 유연하고 확장된 사고의 기회를 제공한다면, 아이들은 자신의 의견을 더하고 다른 사람과 나누며 협업하는 과정을 즐기게 될 것입니다. 앞서 단순히 작물을 가꾸고 키우는 텃밭이라는 공간이 디지털 기술을 통해 동물들과 살아가는 새로운 공간으로 확장되었습니다. 이렇게 다양한 놀이를 재방문, 재탐색하는 과정을 오가며 성장하는 아이들과 다양하고 재미있는 상상을 펼칠 수 있는 공간을 함께 만들어보세요.

주제에 따른 정형화된 공간이 아니어도 좋아요. 함께 소통하고 의견을 주고받을 수 있는 곳이라면 디지털과 아날로그를 넘나들며 놀이를 이어가는 유아를 발견할 수 있을 거에요.

마. 나는야 텃밭 요리사 (언플러그드 놀이)

우리는 일상생활에서 유아들과 유튜브를 시청하거나 가정에서 오버더톱(OTT: Over-the-top)서비스 등을 활용하여 드라마나 영화를 볼 때 사용자 시청 기록을 분석하여 개인화된 영화와 TV 프로그램을 추천해주는 인공지능을 경험합니다. 인공지능 추천 시스템(AI Recommendation System)은 사용자에게 개인 맞춤형 추천을 제공하기 위해 다양한 기술과 알고리즘을 활용하는 시스템입니다. 아이들의 놀이 속에서도 인공지능 추천시스템과 관련된 언플러그드 놀이를 발견할 수 있습니다.

▼ 생활 속에서 추천시스템 찾아보기

유튜브에서 체조를 한 후 관련된 영상을 자동으로 추천해주는 시스템을 보게 되었습니다. 우리가 했던 체조와 유사한 체조를 오른쪽 화면에 자동으로 보여주고 이것을 선택해본다면 어떤 점이 좋을지에 대해 함께 생각해 보았습니다.

"또 검색하지 않아도 되니깐 편할 거 같아요."

"내가 보고 싶은 영상이 안 나올 수도 있어서 불편할 수 있어요."

"그렇다면 유튜브에서는 우리가 좋아하는 걸 어떻게 알고 추천해주는 걸까?"

"유튜브는 우리보다 똑똑하잖아요. 우리 엄마도 집에서 요리할 때 유튜브한테 물어봐요."

TIP

유아들과 디지털 기기에 대해서 이야기를 나누다보면 "유튜브는 우리보다 똑똑하잖아요.", "인터넷에 물어보면 다 알아요." 등의 대화를 들을 수 있습니다. 인터넷이나 유튜브에서 정보를 검색하는 것이 정답이라고 생각하며 무엇이든 해결할 수 있다는 디지털과 관련된 오개념이 나타날 수 있습니다. 이러한 상황에서는 디지털 세상에서의 정보 검색이 우리에게 요리 방법을 알려주는 것처럼 이로움도 있지만 모든 정보가 올바르지 않을 수 있다는 것을 이해하고 정보를 비판적으로 받아들이는 태도를 기를 수 있도록 해야 합니다. 유아의 오개념이 나타날 때를 교육적 순간으로 인식하고 함께 오개념을 바로 잡을 수 있는 과정이야말로 디지털 바로 알기가 아닐까요?
"왜 유튜브가 우리보다 똑똑하다고 생각하니? 유튜브는 정말 우리에게 정확한 정보만 알려주는 걸까?"라고 대화를 시작하며 유아들과 디지털 시민성 교육을 시작해보세요.

텃밭에서 키운 감자를 수확하고 감자로 할 수 있는 다양한 요리를 알아보았습니다. 유아들은 실제 먹어본 음식부터 '감자 탕후루'와 같이 새롭게 재창조한 요리를 글과 그림으로 표현하였습니다. 더불어 텃밭 작물모형, 점토로 만든 텃밭 작물, 텃밭에서 직접 따온 식재료를 제공하여 교실 환경을 지원하였습니다.

새롭게 단장한 교실 환경 안에서 유아들은 식당에 있는 재료를 고르면 다양한 요리를 추천해주는 텃밭 요리 식당을 만들어갔습니다. '요리사 맘대로 식당'에서는 아이들이 동화책이나 AI스피커를 사용해 알게 된 요리 레시피로 손님이 고른 텃밭 작물에 따라 요리사가 되어 추천요리를 제공합니다.

"오늘은 싱싱한 감자와 당근요리를 추천합니다. 감자 탕후루랑 당근빙수가 제일 인기에요."

"오늘의 추천요리를 먹으면 커피는 공짜입니다."

▼ 추천시스템에 기반한 오늘의 추천요리 메뉴판과 주문한 요리

▲ 요리사 맘대로 식당 〈추천시스템〉

식당에서 요리사가 추천요리를 만들기 위해서는 텃밭 작물로 할 수 있는 다양한 요리의 종류를 이해해야 하고, 손님이 좋아할 만한 요리를 추천해주는 것이 중요한 과제입니다. 이처럼 유아는 놀이 속에서 어떠한 것을 추천해주어야 하는지 선호도를 파악하고 친구와 대화를 나누며 아이디어를 추가하는 과정을 통해 놀이를 이어갔습니다.

▲ 감자요리 레시피 공유

더 많은 빅데이터를 모으기 위해 가정과의 연계로 수확한 감자를 나누어 감자요리 레시피를 패들렛에 공유하였고 이를 통해 다양한 요리 레시피를 수집할 수 있었습니다. 공유된 자료는 유아들과 다시 이야기를 나누어 보는 활동이 되었고 추천시스템은 개인의 선호도에 따라 작동한다는 것을 경험하였습니다. 유아들과 추천된 요리가 마음에 드는지 함께 의견을 나누어 보았습니다. 어떤 요리는 왜 추천되었는지, 그리고 그 추천이 얼마나 도움이 되었는지 평가하는 시간도 가졌습니다.

유아는 일상생활에서 디지털 기기를 사용한 플러그드 놀이와 디지털 기기를 사용하지 않고 컴퓨팅 사고력을 키울 수 있는 언플러그드 놀이가 균형을 이루며 활성화되어야 합니다. 이를 통해 유아는 일상생활 속에서 생각과 아이디어를 자유롭게 표현하고, 다양한 상호작용과 협력의 기회를 통해 디지털 리터러시를 자연스럽게 경험할 수 있기를 기대해봅니다.

생각해 보아요.

교실에서 가장 많이 이루어지는 식당놀이, 시장놀이에서 추천시스템의 원리를 발견할 수 있어요. 위 사례처럼 감자로 할 수 있는 요리를 알아보고 선호도를 파악하여 자료를 수집하는 과정을 거쳐 추천시스템을 구성할 수 있습니다. 교육현장에서 쉽게 접할 수 있는 놀이도 교사의 적절한 지원과 뚜렷한 안내가 있다면 언플러그드 놀이로, 디지털 기술을 활용한 새로운 놀이로도 재창조 될 수 있습니다. 추천시스템 언플러그드 놀이를 하며 아이들의 이야기 중 디지털 오개념을 발견하고 이에 대한 디지털 시민성 교육을 진행하게 되었습니다. 추천시스템이 우리에게 매우 편리하지만 이로 인해 더욱 디지털 기기에 의존하게 되고 추천된 음식만 먹다 보면 편식을 할 수 있는 위험성이 있다는 것도 함께 이야기해보며 유아들과 디지털 세상의 이로움과 위험성에 대해 생각해 볼 수 있는 시간이 되었습니다.

놀이를 마무리하며

교사는 새로운 놀이 주제를 시작하면서 이러한 교실놀이가 과연 유아들에게 어떤 의미로 느껴질지 매번 같은 고민에 빠집니다. 일상생활 속에서 교실에서 마주하는 다양한 놀이를 통해 스스로 배우고 성장하는 유아들은 놀이를 계획하며 언제나 가르칠 준비를 하고 교실에 들어서는 교사에게 놀이는 즐기는 것이라고 가르쳐주고 유아들의 놀이 속으로 빠져들게 합니다.

유아가 단순한 디지털 기술의 습득을 넘어서, 디지털 환경에서 놀이하고 탐색하는 과정을 통해 다양한 경험을 쌓고 새로운 지식과 아이디어를 연결하며, 디지털 기술을 즐기고 함께 배움의 미래를 모색하는 과정이 되기를 기대합니다.

유아의 생각이 살아있는 디지털 놀이를 이해하기 위해서는
유아의 작은 이야기에도 귀를 기울이고,
새로운 환경이나 놀잇감을 충분히 탐색할 수 있는 시간을 제공하는 것,
유아 개개인의 다양한 경험들이 발현되도록 충분히 기다리는 인내심이 필요합니다.
왜냐하면 아이들은 우리가 아는 가장 위대한 놀이전문가이니까요.

3. 디지털 어포던스로 확장되는 놀이

유아의 놀이는 교실이라는 공간적 제약과 일과시간이라는 시간적 제약에 갇히지 않고 무한한 상상력과 창의력을 힘입어 다양한 시공간을 넘나듭니다. 일상 속에서 유아는 흥미와 요구에 따라 시공간을 뛰어넘어야 하는 상황이 생기자 디지털로 해결하며 학급에서 자연스럽게 디지털과의 만남이 이루어졌습니다. 새로 접한 플랫폼에 대한 호기심이 다른 플랫폼에 대한 탐색으로 연결되며, 유아와 매체 간 상호작용과 유아와 유아 간 상호작용이 풍부한 디지털 놀이가 이어집니다.

디지털이 가진 속성에 의해 유아의 놀이에 새로운 가능성을 열어주는 행위유도성인 디지털 어포던스! 유아 교실에서는 이렇게 디지털 어포던스로 온 · 오프라인에서 유사한 주제의 표상과 놀이가 심화되고 확장되어갑니다. 그 이야기를 자세히 들여다볼까요?

학급정보

- 연령: 5세
- 인원: 13명(남아 9명, 여아 4명)
- 유아배경: 관심사가 다양하나, 군대 등 전쟁류의 주제를 좋아함
  로블록스, 마인크래프트 등 가정에서 공유형 가상공간을 접하고 있음

누리과정 관련 요소

- 플랫폼을 사용하며 드는 의문점을 교사 혹은 또래에게 적극적으로 질문함
- 다른 사람의 작품을 감상하며 자신의 경험, 느낌, 생각을 풍부하게 표현함
- 창작과정에서 이야기 만들기를 즐김

- 디지털 기기를 다룰 때 오브젝트의 크기 조절 등 미세한 조작을 위해 섬세하게 손가락을 움직임.
- 디지털 기기를 바르게 사용하는 방법을 익히고 생활 속에서 실천하기 위해 노력함

- 친구와 협동하여 작품을 만들고 작품 속 이야기를 공유함
- 디지털 기기를 사용하며 발생하는 갈등상황을 타협, 설득 등 다양한 소통기술을 사용하여 적절하게 조율함

- 새로운 플랫폼을 탐구하는 과정에서 서로 다른 탐색과 생각에 관심을 가짐
- 다양한 플랫폼을 이용할 수 있는 디지털 기기에 대해 관심을 가짐

- 가상공간을 장식하는 과정에서 즐거움과 아름다움을 느낌
- 같은 놀이주제를 온 · 오프라인에서 창의적으로 표현함
- 가상 전시공간에 있는 또래 혹은 다른 사람들의 작품을 감상하며 상상하기를 즐김

놀이 전개 흐름

①우리가 그린 자화상 같이 보자!

②우리 전시회 특별하지?
(with 스페이셜)

③코스페이시스, 넌 뭐니?
(with 코스페이시스)

④진짜 바닷속에 전시회를 열 수 있어!
(with 코스페이시스)

⑤온 · 오프라인을 넘나들며 펼쳐가는 놀이
(with 코스페이시스)

가. 우리가 그린 자화상 같이 보자!

유아들과 각 화가의 다양한 자화상을 감상한 후 나만의 자화상을 그렸습니다. 완성한 자화상을 함께 보며 누가 그린 자화상일지 추측하고 서로 다른 그림 표현을 찬찬히 감상하던 유아들은 미술관처럼 전시해서 동생들도 보면 좋겠다는 의견을 제시합니다.

그래서 교사와 유아들은 동생들도 자주 지나다니는 복도의 한 공간에 작은 전시

회를 열었습니다. 동생들 그리고 학급 유아들은 공유공간을 오가며 자유롭게 자화상 작품을 감상했습니다. 그러던 어느 날, 한 유아가 "선생님, 그런데 저 그림은 언제 가져가요?"라고 물으며 그림을 집에 가져가 엄마에게 보여주고 싶은 마음을 드러냈습니다.

교사는 유아와 모여 한 유아가 드러낸 마음을 이야기했습니다. 혹 또 자화상을 집에 가져가고 싶은 유아가 있는지 물어보니 집에 그림을 가지고 가고 싶은 유아도 있었지만, 복도에 계속 두고 싶은 유아도 있었습니다. 팽팽한 의견 차이로 어떠한 결론도 내릴 수 없었습니다.

나. 우리 전시회 특별하지?

이러한 고민을 하며 검색을 하던 중 교사의 고민을 해결할 수 있는 스페이셜이라는 플랫폼을 알게 됩니다.

교사의 고민

유아들의 그림을 가정에 공유하는 좋은 방법은 없을까? 단순히 작품사진을 보내기보다 복도에 게시한 것처럼 특별하게 공유할 수는 없을까? 유아들이 미술관에 대해 이야기를 했는데 지금 복도에 전시한 모습은 실제 미술관의 모습과는 다소 거리가 있어서 보완할 수 있는 방법은 없을까?

스페이셜
(Spatial)

스페이셜은 웹과 모바일에서 모두 사용할 수 있으며, 가상현실을 위한 몰입형 소셜 공간을 제작하고 공유할 수 있도록 하는 플랫폼입니다. 실제로 여러 명이 동시에 접속하면 실시간 채팅 및 음성통화도 가능합니다.
가상공간을 만들기 위해서는 가입절차가 필요하지만, 완성된 가상공간을 공유할 때에는 공유받은 자가 스마트기기에 앱을 설치하기만 한다면 별도의 가입 없이도 볼 수 있습니다.
–웹주소: https://www.spatial.io/

스페이셜이라는 플랫폼을 최종적으로 고르게 된 이유는 실제 현실 공간과 비슷하게 형상화한 공간이었고 그 공간에서 자신을 대변하는 아바타를 능동적으로 움직여 탐색할 수 있다는 점이 매력적으로 다가왔습니다. 그리고 스페이셜에서 제공하는 미술관이라는 공간에 교사가 드래그 앤 드롭(Drag & Drop)이라는 간단한 조작만으로도 유아들의 그림을 편리하게 넣을 수 있어서 웹사이트를 이용하는 데 큰 어려움이 없었습니다.

▲스페이셜에 완성된 전시회 모습

공간을 완성한 후 가정에 전시회 공간 접속 QR코드를 보내어 유치원에 직접 방문하기 어려운 부모들이 언제든 유아의 작품을 마음껏 감상할 수 있도록 했습니다.

자화상 전시회

▲가정에 보낸 QR코드

교실에서는 유아에게 완성된 공간을 소개하고 자신들이 직접 가상공간을 탐색하며 작품을 감상하도록 제공했습니다. 자기 작품이 어디에 있는지 궁금해하며 자기 작품을 찾으러 가는 유아도 물론 있지만, 다수의 유아가 물에 떠 있는 전시회장의 구조에 대해 재미를 느끼며

"이거 게임 같다. 점프해서 나가도 돼요?"

"바다로 가봐요. 바다에 빠트려요."

"왜 바다에는 못 가요? 바다로 가면 재미있을 것 같은데."

"바닷속에 미술관이 있으면 좋겠다."

라며 활발하게 플랫폼의 기능을 탐색하고 궁금증을 표현하고 자신들의 생각을 이야기하는 모습을 보였습니다.

교사의 고민

① 아바타를 바다에 빠트리기, 벽과 유리를 부수고 나가기 등의 현실에서는 위험한 행동을 스스럼없이 이야기하고 실행해보는 것이 비윤리적인 사고를 강화하지는 않을까? 후에 가상공간과 현실공간을 구분하지 못하고 위험한 행동을 하게 되는 것은 아닐까? 그렇다면 유아에게 지금 필요한 지원은 무엇일까?

② 유아의 생각처럼 아바타가 바닷속으로도 이동할 수 있다면 유아는 어떤 생각을 담아 놀이하며 자신의 경험을 확장해갈 수 있을까? 유아의 생각을 풀어나갈 수 있도록 지원할 수 있는 방법은 어떤 것이 있을까?

우선 교사는 고민①을 해결하기 위해 디지털 시민성 교육을 진행했습니다. "이 사람이 바다로 빠지게 된다면 어떻게 되겠니?", "이 사람이 창문/벽을 뚫고 나간다면 어떻게 될 것 같니?" 등 유아가 가진 사고를 알아보기 위한 질문을 하니, 그러면 다치고 죽을 거라는 의견을 내는 유아도 있지만 저건 게임이기 때문에 죽으면 처음부터 다시 하면 된다고 의견을 말하는 유아도 있었습니다. 유아는 이미 가정에서 로블록스, 마인크래프트 등의 인터넷 게임을 통해 가상공간을 접하고 있기에 아바타는 실제로 존재하지 않으며 무한한 생명을 갖고 있다고 인지하고 있었고, 그렇기에 가상공간에서는 가능하다면 어떤 모험을 해도 괜찮다고 생각하고 있었습니다. 물론 유아가 인지하고 이해하고 있는 것도 가상공간, 디지털 세계가 갖고 있는 특징입니다. 그러나 아직 가치관과 세계관이 확립되지 않은 시기이기 때문에 교사로서 디지털 세계가 갖고 있는 다른 특징도 알려줄 필요가 있다고 판단했고 그중 하나가 바로 디지털 세상 또한 하나의 세상이며, 우리의 현실 세계가 투영된 거울세계처럼 현실 세계와 크게 다르지 않다는 것이었습니다. 디지털 세계는 인간이 만들었기에 현실 세계가 반영되어 있습니다. 디지털 속에서는 우리가 알고 있는 물리법칙을 거스를 수 있도록 설정할 수도 있겠지만 기본적인 물리법칙은 현실과 동일합니다. 그렇다고 할 때 유아에게 알려줄 수 있는 것은 현실에서 우리가 유리나 벽을 마주했을 때 유리나 벽을 뚫고 지나갈 수 있는지를 사고하게 하고 가상공간에서 아바타로 같은 행동을 했을 때 결과가 같은지 다른지를 비교하도록 하는 것입니다. 이렇게 현실과 가상

공간 사이에 같은 규칙이 적용되어 있음을 인지하는 것이 첫 출발입니다. 유아가 동일한 규칙이 있음을 인지하더라도 가상공간에서 위험을 무릅쓰고 모험하는 모습을 보일 수 있지만 점차 자연스럽게 가상공간에서도 윤리적으로 행동해야 함을 내면화할 수 있습니다. 덧붙여 우리가 학급마다 규칙이 다른 것처럼 우리가 만나는 가상공간이 가지고 있는 규칙도 다를 수 있다는 것도 같이 알려주면 좋겠지요. 이러한 규칙 중 하나가 바로 유아가 인식하고 있는, 현실에서 우리는 크게 다치면 죽지만 아바타는 죽어도 계속 계속 살아난다는 것입니다.

생각해 보아요.

가상공간을 만들 수 있는 스페이셜이라는 디지털 플랫폼의 어포던스는 교실에서 불가능했던 바닷속 전시회라든지 우주 속 전시회 등 유아가 새로운 상상을 해볼 수 있도록 이끌었고 유아가 디지털 기기를 어떻게 삶에서 받아들이고 있으며 기기를 사용하며 어떤 상호작용을 주고받는지 교사가 들여다볼 수 있게 합니다.

우리는 주로 기기에 과의존하게 되는 것을 우려하여 조절능력을 기르는 것에 초점을 맞추어 교육하곤 하죠. 가정과는 달리 실제 교육기관에서 사용하다 보면 유아가 디지털 기기만 사용하려는 모습은 생각보다 보기 어려우며 교사가 제재하면 금세 수긍하곤 합니다. 이번에는 학급에서 유아에게 디지털 기기를 내어줄 때 유아가 디지털 기기를 어떻게 삶에서 받아들이고 있는가, 기기를 사용하며 어떤 상호작용을 주고받는가 등 디지털 어포던스를 통한 유아의 모습을 관찰하는 시간을 한번 가져보세요. 유아들의 색다른 모습을 발견할 수 있을 거예요.

다. 코스페이시스, 넌 뭐니?

이어서 교사는 고민②를 고심하다 여러 디지털 연수를 통해 접했던 코스페이시스 에듀를 떠올리게 됩니다.

코스페이시스 에듀
(Cospaces Edu)

독일 Delightex사에서 개발한 코스페이시스 에듀는 Co(ding)+Spaces, 코딩과 공간의 합친 말입니다. 가상현실과 증강현실 콘텐츠를 제작할 수 있는 플랫폼으로, 블록코딩 방식을 차용하고 있습니다. 컴퓨터뿐만 아니라 유아가 조작하기 쉬운 태블릿PC에서도 공간을 만들 수 있습니다. 유료로 이용할 때, 훨씬 다양한 가상공간과 멀지큐브 오브젝트 등을 활용할 수 있습니다.
*교육기관의 경우, S2B(학교장터)를 이용하여 유료 라이센스를 구매할 수 있습니다.
–웹주소: https://www.cospaces.io/

–활용방법
(아이누리포털 탑재 자료) ① ②

ZEP, 로블록스, 마인크래프트 등 다양한 가상공간 플랫폼이 있지만 그중 코스페이시스 에듀(이후 코스페이시스)라는 플랫폼을 최종적으로 고르게 된 이유는 태블릿PC로 가상공간을 쉽게 만들 수 있는 유일한 플랫폼이었기 때문입니다. 다른 플랫폼도 태블릿PC로 다른 사람들이 만들어 둔 가상공간에 아바타를 생성하여 그 공간을 둘러보는 등의 참여를 할 수 있지만 나만의 공간을 만들기 위해서는 컴퓨터 코딩 프로그램이 필요했습니다. 한마디로 유아의 수준에 적합하지 않은 난이도의 플랫폼이었습니다. 그에 반해 코스페이시스는 자기 생각대로 공간을 구성할 수 있으며 태블릿PC로 가능하니 유아 손가락만으로 멋진 공간, 멋진 작품을 만들기 적합했습니다. 그리고 코스페이시스 내 오브젝트는 3D 입체 형태로 구현되어있어 실제 현실과 비슷한 느낌이기에 유아가 친숙하고 흥미롭게 생각할 거라 기대했습니다.

자유놀이 시간에 유아가 학급의 여느 놀잇감처럼 자유롭게 사용할 수 있도록 코스페이시스를 제공했습니다. 유아는 교사의 기대에 부응하듯 높은 호기심과 참여도를 보였습니다. 교사는 간단하게 어떻게 시작하며 어떤 것을 할 수 있는지 짧게 알려주고 유아가 자유롭게 탐색하는 가운데 구체적인 것들을 알아갈 수 있도록 허용했습니다. 크기 조절이나, 방향 조절 등 세부적인 요소는 다 안내하지 않았습니다. 유아가 코스페이시스를 직접 사용하며 팅커링과 디버깅을 통해 스스로 학습해 나가길 바랐기 때문입니다. 유아는 팅커링을 통해 오브젝트의 크기를 조절하는 방법, 오브젝트의 방향을 전환하는 방법 등을 스스로 발견했습니다. 팅커링을 하다 잘 안되는 부분이 있으면 "선생님, 이거 삭제는 어떻게 하는 거예요?"라고 적극적으로 질문하며 교사로부터 답을 얻어 자신이 하고 싶은 대로 공간을 구성하고 때로는 스스로 멋진 해결책을 찾아 공간을 구현하기도 했습니다. 혹 자신이 가져다 놓은 오브젝트의 모션이 마음에 들지 않으면 다시 처음 상태로 돌아가 자신이 원하는 모션으로 바꾸는 등 유아는 디버깅하는 모습도 자연스럽게 보였습니다.

교사는 유아들이 서로가 하는 모습을 보며 다양한 상호작용을 주고받을 수 있도록 학급 내 스마트TV에 코스페이시스를 화면 미러링 해주었습니다. 유아는 보던 화면이 커지자 "이것도 넣어주자!", "자동차는 어때?"라며 친구에게 더 적극적으로 제안하는 모습을 보였고 학급을 배회하던 유아도 호기심을 보이며 친구들의 대화에 함께 했습니다. 큰 화면에 미러링을 하자 자신의 순서를 기다리는 시간마저도 친구와 소통할 수 있는 더 알찬 시간으로 바뀌었습니다.

TIP

여러 교사가 디지털 기기를 내어줌과 동시에 일어날 유아 간 갈등 상황을 우려하는 것처럼 저도 처음 코스페이시스를 학급에 내줄 때 같은 걱정을 했습니다. 기기를 내어주며 유아가 스스로 규칙을 정해서 사용해보도록 안내하자 유아는 자신들이 견딜 수 있는 적정한 정도의 시간으로 협의하여 정했고 그 규칙에 따라 코스페이시스를 사용했습니다. 유아가 정한 이용시간은 오브젝트 3개 넣고 다음 사람에게 주기였습니다. 성인이 보자면 충분히 탐색할 수 없는 짧은 시간이지 않나 싶지만, 초기는 플랫폼 탐색을 주로 할 시기이기에 오히려 유아에게는 적당했고 기다리면 순서가 더 빨리 돌아오기에 갈등도 빚어지지 않았습니다. 의외로 유아는 친구가 규칙에서 벗어나 오브젝트의 방향을 전환하거나 크기를 조절하는 시간도 기다려주는, 유연한 모습이 있었습니다. 선생님들께서도 학급에 내어주시고 유아들이 스스로 규칙을 만들 수 있게 기다려보시면 놀라운 경험을 하실 수 있을 겁니다.

코스페이시스로 즐겁게 탐색하고 놀이하는 유아의 모습을 면밀하게 들여다보니 유아는 코스페이시스 공간 내에서 동물을 가두거나, 불태우거나, 무기로 다른 오브젝트를 공격하는 등 폭력성이 담긴 주제를 표상하고 관련된 대화를 나누는 모습이 많이 관찰되었습니다.

교사의 고민

유아는 왜 폭력성이 담긴 내용의 공간을 구성하고 대화를 나눌까? 놀이주제의 방향을 전환해 줄 수 있는 방법으로는 무엇이 있을까?

교사는 고민을 해결하기 위해 이야기 나누기 활동과 디지털 시민성 교육을 생각하게 됩니다.

1) 이야기 나누기 〈갤러리에 공유된 작품 감상하기〉

코스페이시스는 독일에서 만든 플랫폼이다 보니 유니콘, 드라큘라, 곤봉, 서양검 등 서구문화의 요소가 있으며 기본으로 제공하는 오브젝트를 사용하지 못하도록 임의로 제거하거나 변경할 수는 없습니다. 따라서 유아와 기본 오브젝트를 활용하여 색다른 공간을 만든 것들을 함께 보고 나면 유아가 현재의 주제에서 벗어나 다른 생각을 펼쳐나갈 수 있지 않을까 생각하게 되었습니다. 유아는 다른 사람들이 만든 공간을 보며 놀라기도 하고 "나도 동물들이 사는 아마존을 만들어볼래요.", "바닷속 이야기를 만들어 볼 거예요."라고 말하며 새로운 자극을 받는 모습이었습니다.

TIP

코스페이시스에는 갤러리 공간이 있습니다. 갤러리에 제공되는 작품은 코스페이시스의 자체 검열을 거쳐 전체 사용자에게 공유된 작품들로, 다른 사용자가 구경할 수 있으며 더 나아가 제공하는 게임을 즐길 수도 있고 혹은 그 공간을 복사하여 자기 생각대로 새롭게 꾸며볼 수도 있습니다.

2) 디지털 시민성 교육

이야기를 나눈 대로 유아가 어떠한 주제를 가지고 꾸미려면 유아에게 3개의 오브젝트 놓는 것으로 끝나는 시간이 아니라 코스페이시스를 조금 더 길게 사용할 수 있는 시간이 필요했습니다. 코스페이시스를 사용하고 있는 유아와 코스페이시스를 함께 이용하기 어려운 점을 이야기 나누었습니다. 유아는 놓고 싶은 것이 많은데 사용할 수 있는 시간이 너무 짧다는 것과 친구들과 같이 만들어 내가 하고 싶은 대로 완성할 수 없다는 것을 이야기했습니다. 그래서 사용할 수 있는 시간에 대한 규칙을 시계의 두 칸 정도(10분)로 협의하여 변경했습니다. 유아는 순서대로 자신의 이름을 적고 시계에 표시하여 코스페이시스를 사용할 수 있는 자신만의 시간을 보장받았습니다. 다음으로 공동으로 공간을 구성하고 있어 자기 생각과는 달라지는 공간의 모습에 유아가 불편함을 느끼고 있었기 때문에 유아별로 개인 공간을 만들어주었습니다. 개인 공간이 생기자 유아는 자기 생각대로 공간을 꾸준히 꾸며나갈 수 있게 되었습니다. 이를 통해 유아는 개인 공간에 대한 존중이 생기고 디지털 조절능력도 함양할 수 있었습니다.

▲학급시계에 코스페이시스를 사용할 수 있는 시간을 표시한 모습

▲공용 화이트보드에 사용하는 순서를 적어둔 모습

▲코스페이시스에 구성한 개인공간

개인 시간과 개인 공간을 보장받게 되니 유아는 자신만의 시간에 몰두하여 자신의 공간을 꾸미며 기기와 상호작용했습니다. 그러자 교사가 우려했던 폭력적인 소재는 많이 소거된 모습이었습니다. 바닷속 공간을 구성하고 있던 한 유아가 "그런데 우리 작품 바닷속에 넣기로 했잖아요!"라며 자화상 전시회 때 나누었던 이야기를 꺼냈습니다.

라. 진짜 바닷속에 전시회를 열 수 있어!

의견을 낸 유아에게 전시회장을 한 번 만들어 볼 것을 제안했고 교사와 같이 어떤 배경이 어울릴지 고르고 바닷속을 꾸미기 시작했습니다. 유아는 자기 혼자서 만들기는 어려울 것 같다고 말하며 함께 만들 친구들을 불러왔고 친구와 협력하며 전시회장을 꾸몄습니다. 유아는 자신의 그림이 가상공간의 벽에 걸리자 매우 좋아하며 "바다 동물들이 우리 그림을 보고 있는 건 어때?"라며 또래의 동의를 구하면서 적극적으로 전시회장을 만들었습니다. 유아는 같이 만들면서 너무 많은 오브젝트를 넣으면 그림이 가려진다는 의견을 내기도 하고 친구가 바다 동물이 아닌 다른 사물을 넣으려고 하면 바다와 어울리는 것만 된다고 제한하기도 하며 지난 작품들을 만들 때와는 사뭇 달라진 모습을 보였습니다. 그리고 오브젝트의 색깔을 바꿀 수 있다는 것을 알고 있는 유아는 바다 동물에게 현실감을 더 주기 위해 학급에 있는 바다 동물 사전 책을 가지고 와 유사한 색상으로 바꾸는 모습을 보이기도 했습니다.

TIP

코스페이시스는 제공되는 기본 오브젝트 뿐만 아니라 이미지, 비디오, 소리 등도 삽입하여 활용할 수 있습니다. 유아와 함께 찍은 사진이나 유아가 만든 음악, 녹음한 목소리 등을 공간에 삽입하면 유아의 적극적인 참여를 이끌며 무한한 상상을 더하게 합니다.

전시회를 꾸미던 중 미술관에 가면 작품마다 해당 화가의 이름이 붙어있던 것을 본 적이 있는 유아가 우리의 그림 옆에 이름을 넣는 것을 제안했습니다.

"그런데 디지털 세상에서 내 이름을 막 알려주면 안 되잖아요."

"그치만 누구 그림인지 모르잖아요."

이렇게 유아들은 서로의 의견을 주장하기 시작했습니다. 교사는 유아의 이야기를 들으며 '디지털 세상에서 개인정보를 알려주면 안 된다는 것'을 실제로 경험할 수 있는 기회가 될 것이라 판단했습니다. 그래서 자신의 이름이 아닌 예명을 사용하는 작가의 그림책, 교사가 코스페이시스를 이용하기 위해 사용하는 아이디 등을 예시로 유아에게 직접 보여주며 본명을 사용하지 않고 예명을 사용하는 이유와 예명을 사용한다고 하여 디지털 세상에서 예의 없는 행동을 하거나 개인정보 유출을 주의하지 않아도 된다는 것은 아니라는 것까지 다시 한번 디지털 시민성 교육을 진행했습니다. 그리고 이번 전시회에서는 우리의 진짜 이름 대신 각자 예명을 만들어 그림 밑에 붙였습니다.

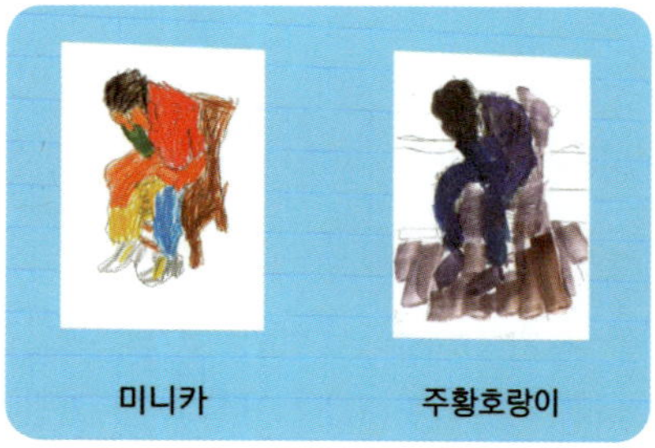

▲자신의 그림 아래 적힌 예명

학급 구성원 그 누구도 빠지지 않고 참여하여 완성한 우리의 두 번째 작품 전시회를 함께 보았습니다. 플레이 버튼을 눌러 유아들이 세심하게 고른 모션까지 풍성하게 전시회를 감상했습니다. 유아는 전시회를 보며 "다이아몬드는 왜 있어?"라고 궁금한 것을 물어보고 "왜냐하면 해적선이 바다에 빠져서 보물들이 저기에 떨어졌거든."이라고 자신의 의도와 생각을 전달했습니다. 그러자 너도나도 "쓰러진 배는 누가 했어?", "꽃게는 왜 핑크색이지?"라고 저마다의 궁금증을 털어놓고 해설을 들으며 공동 작품에 대한 이해가 높아지고 그 의미를 더해가는 시간이 되었습니다.

◀Cospaces에 완성된 전시회 모습

전시회에 직접 접속할 수 있는 QR코드▶

마. 온·오프라인을 넘나들며 펼쳐가는 놀이

코스페이시스로 다양한 상상을 펼치며 플랫폼을 다루기 익숙해진 유아들은 꼭 빈 공간에서부터 시작하지 않아도 된다는 것을 깨닫게 되었습니다. 그래서 유아는 갤러리에서 공유된 템플릿을 감상만 하기도 하고 그 공간을 리믹스하여 재창조하기도 했습니다. 때로는 기본으로 공유된 템플릿에 자신들의 생각을 첨가하여 가상공간을 구성하기도 했죠. 이렇게 다양한 템플릿을 활용하니 유아는 기존보다 더 많은 상상을 할 수 있었고 다양한 주제로 공간을 꾸미고 또래와 상호작용할 수 있었습니다. 유아는 여기에서 더 나아가 가상공간에서 놀이한 주제를 오프라인 놀이에서도 연결하여 표상하고 놀이하기 시작했습니다.

1) 갤러리에 공유된 템플릿을 감상한 후 시작된 아마존 모래놀이

유아는 갤러리에서 다른 사람이 아마존을 구성한 공간을 보게 되었습니다. 유아는 생동감 있게 표현된 아마존 공간 내에서 이리저리 이동해 보면서 아마존에 대해 알고 있는 지식을 뽐내기도 하고 화면에 보이는 동물에 대해 이야기 나누며 다른 사람의 표현을 적극적으로 감상했습니다.

아마존에는 나무가 엄청 많아.
그리고 그 나무는 이만큼 키가 크데

맞아 나도 TV에서 봤어

내가 이 사슴 따라해 볼게

이어진 바깥놀이 시간에 유아는 교사가 가지치기해 둔 식물들을 이용해서 모래놀이터에 공사를 하기 시작했습니다. 유아들은 아마존을 만들고 있다며 교사에게 소개해 주었죠. 코스페이시스에서 보았던 폭포와 호수를 구성하고 주변에 식물들을 꽂아 형태를 완성했습니다. 그리고는 동물 모형을 이용하여 즐겁게 놀이했습니다.

2) 롤러코스터(기본 템플릿)에서 시작된 구슬공 롤러코스터 놀이

기본 템플릿을 구경하던 유아들은 롤러코스터 템플릿을 발견하게 되었고 그 템플릿에 여러 요소를 추가하기 시작했습니다. 롤러코스터를 더욱 스릴 있게 즐길 수 있도록 다양한 장애물을 설치하고 속도를 자유자재로 조절하며 롤러코스터의 움직임을 실감나게 느껴보았습니다. 그러나 학급에서 규칙으로 정한 시간만 롤러코스터를 즐길 수 있었기 때문에 유아는 아쉬움을 크게 표현했습니다. 교사는 가상공간에 있는 롤러코스터와 유사하게 자석으로 구슬길을 만들 수 있는 놀잇감이 동생학급에 있음을 안내했습니다. 유아는 매우 기뻐하며 동생학급에 방문하여 놀잇감을 빌려왔고 구슬이 지나가는 길을 협력하여 만들었습니다.

유아는 중간중간 구슬을 굴려보며 자신들이 의도한 방향으로 구슬이 지나가는지 확인하기도 하며 만일 의도하지 않은 방향으로 구슬이 굴러 갈 때에는 구슬길의 위치를 조정하여 구슬길 기지를 만들며 놀이했습니다.

남아들은 제시하는 설명서를 보지 않고 자신들이 만들고 싶은 대로 구슬길을 만들기 시작했다면 여아들은 설명서를 보며 구슬길 만들기를 시도했습니다. 만드는 중 친구가 손으로 받쳐주지 않으면 구슬길이 망가질 수 있다는 것을 깨닫게 된 유아는 설명서를 다시 확인하며 필요한 구조물을 가져와 연결하며 제대로 된 구조물의 골조를 만들어 나갔습니다.

놀이를 마무리하며

시공간을 넘어서야 하는 유아의 바람에서 디지털 기기와의 만남이 시작되었고 유아의 요구에 적합한 플랫폼을 활용하여 유아의 놀이와 배움을 지원했습니다. 그리고 디지털 놀이가 이어지는 가운데 디지털 시민성 교육을 진행하여 유아의 생활과 배움이 유기적으로 연결될 수 있도록 도왔습니다.

호기심이 많은 우리 유아들은 팅커링을 통해 디지털 세상의 매커니즘도 적극적으로 탐구했습니다. 유아는 디지털 공간에서 자신이 발견한 새로운 방법을 친구들에게 알려주고 모르는 것은 선생님과 친구에게 물어가며 디지털 기기와 상호작용했습니다. 유아는 가상공간에서 다른 사용자가 만든 아마존을 보며 놀이의 영감을 받아 물, 모래와 식물로 우리들의 아마존을 꾸미며 또래와 소통했습니다. 자신만의 작품, 자기 것이 중요했던 유아들이 가상공간에서 만났던 롤러코스터의 모습처럼 복잡하고 재미있는 구조의 구슬길을 만들기 위해서는 서로 다른 생각들이 모여 힘을 합쳐야 더 근사한 구조물을 만들 수 있음을 경험할 수 있었습니다. 놀이가 끝나는 것은 언제나 아쉽지만 내가 만들어 둔 상태에서 다시 만들 수 있는 디지털이 가진 '저장'이라는 속성을 느끼며 유아는 안도감을 느끼고 언제든 만들 수 있고 무엇이든 만들 수 있다는 긍정적인 생각이 더 성장했습니다.

놀이 흐름 속에서 디지털 어포던스에 자연스레 녹아드는 유아의 모습을 가까이에서 관찰하며 디지털 네이티브인 우리 유아들의 능력에 놀랐고 유아의 번뜩이고 재미있는 상상과 온 · 오프라인을 넘나들며 이어지는 놀이의 유연성 등 유아의 유능함을 다시 한번 깨닫게 되는 시간이었습니다. 미래로 나아가는 자연스러운 디지털 교육과 놀이, 선생님들의 교실에서도 경험해 보시기 바랍니다.

Ⅳ. 부록

1. Q & A

유튜브 동영상은 어떻게 다운로드 하나요?

동영상이 재생되고 있는 사이트주소창의 www.와 youtube 사이에 ss를 넣고 엔터(Enter)를 치면 savefrom.net 사이트로 이동하는데 여기서 mp4 다운로드를 누르면 됩니다.

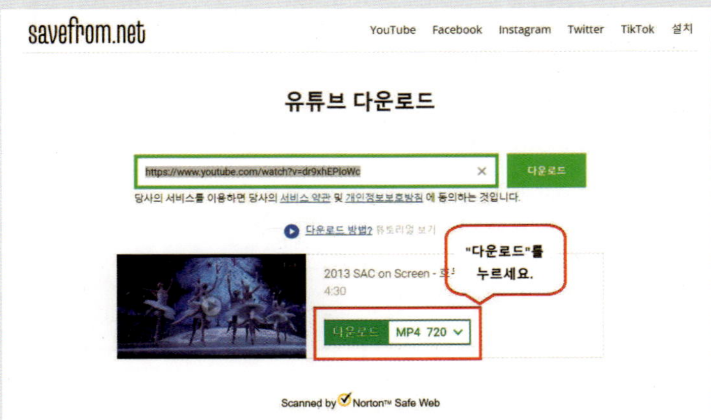

집에서 잘 열리던 파일이 유치원에서 안 열려요?

동영상 및 오디오파일 변환프로그램인 "카카오인코더"를 다운로드한 후 다시 파일을 열어보세요.

저작권 없는 무료이미지는 어디서 구하나요?

픽사베이(pixabay.com)
언스플래시(unsplash.com)
스필릿샤이어(www.splitshire.com)
픽셀스(www.pexels.com)
프리큐레이션(www.freeqration.com)

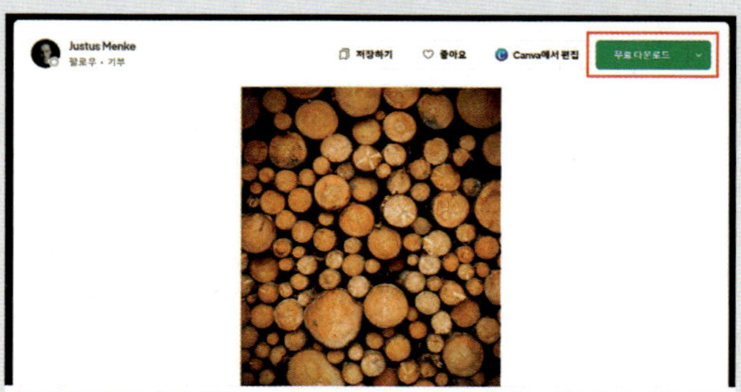

사진의 배경을 제거하려면 어떻게 하나요?

www.remove.bg 사이트에 원하는 이미지를 업로드하면 배경이 자동으로 제거되므로 다시 다운로드하면 됩니다.

기기가 없을 때, 스마트폰을 TV에 미러링하려면 어떻게 하나요?

최신 스마트 TV는 유선 연결 없이 화면미러링 기능을 지원합니다. 그러나 교실에 태블릿PC나 스마트TV와 같은 기기가 없다면, 교사의 스마트폰을 이용하여 큰 화면에 띄우고 유아들과 놀이할 수 있어요. 스마트폰을 HDMI 연결선으로 직접 TV에 연결하면 스마트폰의 화면이 그대로 TV의 큰 화면에 나오게 됩니다.

유아가 찍은 사진에서 불필요한 사물을 지우고 싶으면 어떻게 하나요?

스마트폰이나 태블릿PC의 사진찍기 기능에는 "AI 지우개" 기능이 있어서 원하지 않는 사물을 끈 모양으로 선택하여 지우면 해당 사물은 지워지면서 배경은 그대로 살아 있는 자연스러운 지우기가 가능합니다.

유아가 그린 그림으로 스티커를 만들려면 어떻게 하나요?

유아가 그린 캐릭터 등 그림의 배경제거를 한 후 투명라벨지에 인쇄하여 스티커로 만들 수 있습니다.

2. 참고자료

교육부와 시도교육청에서 다양한 유아 디지털 교육 관련 양질의 자료를 공유하고 있으므로 참고하기 바랍니다.

아이누리포털-현장지원자료

https://i-nuri.go.kr/main/board/index.do?menu_idx=182&manage_idx=31

아이누리포털-도움누리-도움사이트-시도별 지원자료

https://i-nuri.go.kr/main/html.do?menu_idx=155

커먼센스 에듀케이션(Common Sense Education)-디지털 시민성(Digital Citizenship)-유치원 수준(Kindergarten) 동영상 콘텐츠

https://www.commonsense.org/education

① 균형이 중요해(Media balance is important)

② 멈추기(Pause for people)

③ 온라인 세상에서 안전하기(Safety in my online neighborhood)

* 본 커먼센스 에듀케이션 영상은 원저작자의 허락을 받아 한국어 더빙 후 [대한어린이교육협회 홈페이지-게시판-공지사항]에 탑재하였으니 유아 디지털 시민성 교육을 위한 목적으로만 라이선스인 CCL"저작자 표시-비영리-변경 금지"를 반드시 준수하면서 교육적으로 활용하시기 바랍니다.

스마트쉼센터-자료실-콘텐츠 · 교육자료-영유아(유치원/어린이집) 자료

https://www.iapc.or.kr/mediaList.do?idx=28&type=A1

3. 대한어린이교육협회 홈페이지 탑재 교육자료

대한어린이교육협회 홈페이지(http://www.kacei.org)
-게시판- 공지사항

번호	제목	QR코드
12	커먼센스에듀케이션 한국어 더빙 영상	
11	유아교사가 알아야 할 디지털 콘텐츠	
10	카드뉴스_유아 초기 디지털 리터러시 교육	
9	카드뉴스_유아 디지털 시민성 교육	
8	유아가 만든 캠페인송 영상	

※ 공지사항에 탑재된 교육자료를 활용하시기 바랍니다.

참고문헌

강은진, 배윤진, 최일선, 임은미, 김혜진(2022). 디지털 기반 유치원 교수 · 학습 · 평가(관찰) 관련 제도 정비 및 구현 방안 연구. 서울: 육아정책연구소.

계보경, 한나라, 김은지, 박연정, 조소영(2021). 메타버스의 교육적 활용: 가능성과 한계. 한국교육학술정보원.

교육부(2016). 초등 소프트웨어(SW) 교육 선도교원 연수교재.

교육부, 보건복지부(2020). 2019 개정 누리과정 해설서. 교육부, 보건복지부.

김교령, 박은혜(2022). 유아교사의 디지털 역량 강화를 위한 교육 프로그램 개발. 육아지원연구, 17(3), 103−132.

문무경, 정호연(2021). OECD 국가 사례분석을 통한 유아교육에서의 디지털 기술 활용 방안 연구. 육아정책연구소.

박은혜, 김고은, 김연희, 임은미, 정혜욱, 허열(2021). 유아와 함께 하는 인공지능교육 교사지원자료 및 콘텐츠. 교육부 · 인천광역시교육지원청.

배윤진, 임은미, 김교령, 김혜진(2023). 유아를 위한 디지털 교육 지원 방안 마련 기초 연구. 육아정책연구소.

오채선, 김경철, 서윤희, 박선영, 박선우, 박세영, 오아름, 이여빈(2022). 디지털 미디어로 소통하고 삶을 펼치다!. 교육부.

이정원, 박원순, 엄지원(2021). 영유아의 미디어 이용 적정화를 위한 정책 방안 연구(연구보고 2021−15). 육아정책연구소.

임은미(2023). 유아교사가 알아야 할 인공지능의 모든 것. 경기: 공동체.

______(2022). 유아의 사회적 유능감, 자기조절능력, 인공지능을 활용한 놀이몰입의 구조적 관계 분석. 학습자중심교과교육연구, 22(23), 753−769.

정영식, 유정수, 임진숙, 홍지연(2019). 소프트웨어 교육론. 서울: 씨마스.

차기주(2022). 디지털 놀이, 놀이의 지평을 확장하다. 뉴패러다임 시대, 유아교육의 미래 통찰: 디지털 교육생태계와 미래 유아교육. 한국육아지원학회 추계학술대회 주제강연. pp. 15−51. 2022년 11월 5일. 경인교육대학교 경기캠퍼스 교사교육센터 101호.

Bers, M. U. (2010). Beyond computer literacy: Supporting youth's positive development through technology. *New Directions for Youth Development, 128,* 13–23.

Clements, D. (1994). The uniqueness of the computer as a learning tools: Insights from research and practice. In Wrights J., and Shade, D. (Eds.), *Young children: Active learners in a technological age.* Washington, DC, NAEYC.

Clements, D. (2002). From exercises and tasks to problems and projects–unique contributions of computers to innovative mathematics education. *The Journal of Mathematical Behaviour, 19*(1), 9–47.

Cowan, J. E., (2008). Strategies for planning technology–enhanced learning experiences. *The Clearing House: A Journal of Educational Strategies, Issues and Ideas, 82*(2), 55–59. https://doi.org/10.3200/TCHS.82.2.55–59

Edwards, S. (2013). Digital play in the early years: A contextual response to the problem of integrating technologies and play–based pedagogies in the early childhood curriculum. *European Early Childhood Education Resaerch Journal, 21*(2), 199–212.

__________ (2016). New concepts of play and the problem of technology, digital media and popular–culture integration with play–based learning in early childhood education. *Technology, Pedagogy and Education, 25*(4), 513–532.

Gibson, J. J. (1961). Ecological optics. *Vision Research, 1*, 253–262.

Kline, S., Dyer–Witherford, N., & De Peuter, G. (2003). *Digital play: The interaction of technology, culture, and marketing.* Montréal: McGill–Queeri;s Press.

Lim, E. M. (2012). Patterns of kindergarten children's social interaction with peers in the computer area. *International Journal of Computer-Supported Collaborative Learning, 7*(3). 399–421.

__________ (2015). Factors influencing young children's social interaction in technology integration. *European Early Childhood Education Research Journal, 23*(4), 545–562.

__________ (2023). The effects of pre–service early childhood teachers' digital literacy and self–efficacy on their perception of AI education for young children. *Education and Information Technologies, 28,* 12969–12995. https://doi.org/10.1007/s10639–023–11724–6

__________ (2024). Metaphor analysis on pre–service early childhood teachers' conception of AI (Artificial Intelligence) education for young children. *Thinking Skills and Creativity, 51*, https://doi.org/10.1016/j.tsc.2023.101455

Marsh, J. (2010). Young children's play in online virtual worlds. *Journal of Early Childhood Research, 8*(1),

23–39.

Marsh, J., Plowman, L., Yamada–Rice, D., Bishop, J., & Scott, F. (2016). Digital play: A new classification. *Early Years, 36*(3), 242–253.

Neumann, M. D., & Dion, L. (2021). *Teaching computational thinking: An integrative approach for middle and high school learning*. The MIT Press.

OECD (2021). *21st-century readers: Developing literacy skills in a digital world*. Paris: OECD. https://doi:10.1787/a83d84cb–en

_____ (2023). *Empowering young children in the digital age*. Paris: OECD.

Papert, S. (1980). *Mindstorms: Children, computers, and powerful ideas* (2nd Ed.). New York: The Perseus Books Group.

Plowman, L., & Stephen, C., (2005). Children, play, and computers in pre–school education. *British Journal of Educational Technology, 36*(2), 145–157.

Pellegrini, A. D. (1991). *Applied child study: A developmental approach*. Hillsdale, NJ: Erlbaum.

Prensky, M. (2001). Digital natives, digital immigrants part 1. *On the horizon, 9*(5), 1–6.

Redecker, C., & Punie, T. (2017). *European framework for the digital competence of educators (DigCompEdu)*. JRC Science for Policy Report.

Stephen, C., & Edwards, S. (2019). 디지털 시대 유아의 놀이와 학습[Young children playing and learning in a digital age: A cultural and critical perspective](고선주 역). 창지사. (원전 2019 출판)

Sutton–Smith, B. (1997). *The ambiguity of play*. Cambridge, MA: Harvard University Press.

Verenikina, I., & Kervin, L. (2011). iPads, digital play and preschoolers. *He Kupu, 2*(5), Retrieved from www.hekupu.ac.nz/Journal%20files/Issue5%20October%202011/iPads%20Digital%20Play%20and%20Preschoolers.pdf

Wing, J. M. (2006). Computational thinking. *Communication of the ACM, 49*(3), 33–35.

_________ (2010). Computational thinking: What and why?. Unpublished Manuscript, Pittsburgh, PA: Computer Science Department, Carnegie Mellon University. https://www.cs.cmu.edu/~CompThink/resources/TheLinkWing.pdf

Zevenbergen, R. (2007). Digital natives come to preschool: Implications for early childhood practice. *Contemporary Issues in Early Childhood, 8*(1), 19–29.

저자소개

임은미 성결대학교 유아교육과 교수

유세경 서울탑산초등학교병설유치원 원감

김하늘 서울양동초등학교병설유치원 교사

이주은 서울신곡초등학교병설유치원 교사

어린이교육의 기본 바로 알기 시리즈 14

놀이로 여는 유아 디지털 교육 바로 알기

초판 1쇄 발행 2024년 8월 23일
초판 2쇄 발행 2025년 5월 12일

지 은 이 | 임은미 · 유세경 · 김하늘 · 이주은
펴 낸 이 | 김기섭
편 집 인 | 이현남
펴 낸 곳 | 창지사 www.changjisa.com
08589 서울시 금천구 가산디지털 1로 83 파트너스타워 1차 9층
전화 (02)719-2211~3
팩스 (02)701-9386
등 록 | 1977년 4월 28일 · 제1-421호

ISBN 978-89-426-1891-0 (93370)

값 13,000원